글누림 문화콘텐츠 총서 8 | 디지털사업에 관한 법 이야기 

저자 소개

이훈종 호서대학교 법학전공 교수

글누림 문화콘텐츠 총서 8
디지털사업에 관한 법 이야기

초판 인쇄 2005년 12월 16일
초판 발행 2005년 12월 24일
지은이 이훈종
펴낸이 최종숙
편집 김보라
펴낸곳 도서출판 글누림
주소 서울 성동구 성수2가 3동 301-80
전화 3409-2055
팩시밀리 3409-2059
등록 2005년 10월 5일 제303-2005-000038호
전자우편 nurim3888@hanmail.net
값 8,000원
ISBN 89-957345-7-4-03360

글누림 문화콘텐츠 총서 8

디지털사업에 관한 법 이야기

이훈종 저

글누림

문화콘텐츠 총서 발간에 부쳐

호서대학교 교수님들이 주축이 된 글누림 문화콘텐츠 총서의 발간을 축하합니다. 지금 우리가 살고 있는 21세기는 지식기반 사회로 들어서고 있는 바, 이러한 문화의 세기에 대학 교육도 초국적, 초학제, 초캠퍼스라는 새로운 환경에 적응해야 합니다. 이런 시대정신의 흐름에서 가장 필요한 것이 창의적인 도전정신입니다.

이번에 발간되는 문화콘텐츠 총서는 그러한 도전정신을 가지고 우리 대학의 연구자들이 이룩한 연구 업적입니다. 금번 1차 문화콘텐츠 총서에 이어 신개척의 문화 영역에서 창의적이고 도전적인 업적들을 담은 우리의 총서는 지속적으로 간행될 것입니다.

그간 우리 대학은 벤처정신을 극대화하고 특성화함으로써 비약적인 발전을 이룩해 왔으며, 하나님을 공경하고 사회와 인류에 기여하는 참사람을 길러내는 데 최선을 다해 왔습니다. 이번 총서도 바로 이 인재 양성의 목표를 위해 노력한 그간의 창조적이고 도전적인 젊은 벤처정신이 일구어낸 결실인 것입니다.

빛과 소금이 되라는 성경 말씀을 실천에 옮긴 문화콘텐츠 총서 기획단 및 집필자 여러분의 노고에 다시 한번 격려의 말씀을 드리는 바입니다.

호서대학교 총장　강 일 구

EDITOR'S NOTE

2000년에 들어 '文化産業'이라는 이름으로 출발했던 것이 이제는 '문화콘텐츠'라는 이름으로 굳어져 다음 세대의 산업을 선도할 핵심 분야라는 평가를 듣고 있다. 문화산업이 아니라 문화콘텐츠산업이라고 그 명칭도 수정되어 지금은 문화콘텐츠산업을 진흥하기 위한 문화콘텐츠진흥원도 설립되었다. 또한 관련 학회도 활발히 활동하고 있다. 각각의 문화산업 분야의 학회는 말할 것도 없고 산업과는 거리가 멀 것 같은 人文 영역이 이젠 문화콘텐츠산업에 중추적 역할을 할 것이라는 사명감으로 인문콘텐츠학회도 만들었다.

미국에 있는 학과 교수에게 문화콘텐츠를 영문으로 표기해야 할 일이 있었다. 한국문화콘텐츠진흥원의 영문 명칭을 참조해 'Culture and Content'라는 용어로써 표기했다. 잘 모르겠다는 눈치여서 우리가 생각하는 문화콘텐츠를 설명하니 그것은 문화산업이니 'Culture Industry'로 표기해야 하는 것이라고 했다. 영화나 게임 등 상업적 목적이 뚜렷한 것은 말할 것도 없고 한국문화원형사업이든, 韓流事業이든, 지역축제든 에듀테인먼트든 그 궁극적인 목적은 문화를 기반으로 한 산업화의 가능성이라는 것을 털어놓으라는 말이다. 사실 출발이 문화산업으로부터 출발했으니 그 문화산업의 내용을 문화콘텐츠라고 지시한다고 해서 산업적 속성이 사라지는 것은 아니다.

문화산업이라고 하든, 문화콘텐츠산업이라고 하든 처음의 출발이 산업적 개념과 목적으로 시작된 것은 사실이다. 천박한 商魂은 모든 것을 상품화하기 마련이라고 나무라기 전에 가치를 인정받지 못하면 결국 존재적 의의마저도 상실될 수밖에 없는 가혹한 현실을 받아들여야 한다는 것이다. 지금의 상황이 인문학의 위기는 아니며, 인문학의 위기가 기초 학문의 위기는 더욱 아니며 학문의 위기는 더더욱 아니라고 한다. 오히려 탄탄한 기초 학문, 인문 학문이 문화산업의 가능성을 열어주니 학문으로서는 새로운 대응력을 갖는 것이라고 역설한다.

우리 대학은 산학 분야에서 단연 인정받고 있다. '벤처'를 학교의 모토로 삼은 것도 벤처 산업을 염두에 둔 것이 아니라 문자 그대로의 의미에서 '모험 정신'을 내세우기 위함이다. 이러한 의미에서의 모험 정신이 산학 분야에 집중되었다면 이제는 그 학술적 역량을 발휘할 때가 되었다. 이번 문화콘텐츠 총서의 정신은 바로 여기에 있다.

이 총서는 교양 있는 일반인을 위한 문화콘텐츠의 학술적 동향과 안내를 하는 것이 그 목적이다. 쉽고 간결한 문체를 선택하도록 했고 많은 그림과 도표로써 이해를 돕도록 했다. 모든 주석은 내용주로 처리하되 설명을 위한 최소한의 주석만 넣도록 했다. 단순 전거를 밝히는 주석은 참고문헌에서 몰밀어서 제시하도록 했다. 이러한 원칙을 정하고 모두 네 차례에 걸친 심포지엄을 열어 서로의 초안을 읽고 의견을 개진했다. 그러니 이 총서는 사실 개개의 집필자의 개성에 넘치는 저작이면서도 또한 공동 작업의 결과이기도 하다.

지금은 1차 총서이지만 향후 문화콘텐츠의 전 영역에 걸쳐 2, 3차 총서가 지속적으로 발간될 것이다. 이 작업이 문화콘텐츠라는 初有의 분야에 의미 있고 중요한 저술이 되길 희망한다.

호서대학교 한국어문화학부 국어국문학전공 김성룡

PROLOGUE

　　디지털사업에 관한 법 이야기를 하게 되었습니다. 이 책을 쓰기 위하여 먼저 관련된 자료를 찾았습니다. 방대한 자료라서 어떻게 정리하고 소개하여야 할지를 고민하였습니다. 고민하던 중 문화콘텐츠 총서에 관한 세미나에 참여하게 되었습니다. 다른 교수님들이 발표하시는 것을 듣고 나서 집에 와서 곰곰이 생각하게 되었습니다.

　　디지털사업에 관한 법은 빠르게 변화하고 있습니다. 또한 방대한 분야이지요. 아마 당대의 석학이라 하더라도 이 분야에 관한 모든 자료를 일목요연하게 정리하기는 어렵지 않겠느냐는 생각이 들더군요. 그래서 내가 알고 있는 것을 소개하자는 생각이 들었습니다. 내가 잘 이해할 수 없는 것을 쓰게 되면 양만 많아지고 읽는 사람도 이해할 수 없겠지요. 수집한 자료 중 어렵다고 판단되는 부분은 삭제하였습니다. 사람은 얻으려고 노력하는 것보다도 얻은 것을 버리는 것이 어렵다는 느낌입니다.

　　원래 구상하였던 책의 제목은 디지털사업과 법이었습니다. 제목을 디지털사업에 관한 법 이야기로 바꾸게 되었습니다. 일방적으로 디지털사업에 관한 법을 설명하는 것보다는 대화를 하면서 디지털사업에 관한 법을 소개하는 것이 좋다는 생각이 들었습니다. 혼자서 일방적으로 강의하는 것보다는 학생들과 대화하면서 강의를 하는 것이 보다 효율적이었거든요.

　　이 책에서는 디지털사업에 관한 법을 이야기 식으로 전개하고 있습니다. 때로는 가상적인 인물과 회사도 출현하게 되지요. 그래서 유비나 장비 혹은 촉나라인터넷 주식회사가 등장하기도 합니다. 이 책이 소설과 유사한 점입니다. 그러나 이 책에서는 통상의 소설과는 달리 법의 규정, 판례 및 이론을 토대로 이야기가 전개됩니다.

이 책의 내용을 세 가지로 나누어 볼 수 있습니다. 먼저 사업을 하기 위해서 알아야 할 법을 소개하고 있습니다. 어떤 사업을 하건 알아두면 유익한 법을 소개하는 것입니다. 그리고 디지털사업에 관하여 적용되는 다양한 법을 소개한 후 디지털사업에 관한 몇 가지 법적 문제에 관하여 심도있게 검토하고 있습니다.

이러한 내용 속에는 '권투시합', '윤락녀를 바라보는 시각', '오백 원 동전을 보는 시각' 등에 관한 이야기가 포함되어 있습니다. 일상적으로 우리가 보거나 생각할 수 있는 것들과 관련하여 법적인 이야기를 전개하고 있습니다. 이 부분에서는 바쁘지 않은 시간에 읽어보면서 법이란 무엇인가 하고 생각해보면 좋을 것 같습니다.

이 책이 나오기까지 많은 도움을 주신 분들 — 아버님, 어머님, 장인어른, 장모님, 스승님, 호서대학교 총장님 — 에게 감사드립니다. 아내를 빼면 서운해 하니까 안 적을 수 없겠네요. 어느덧 훌쩍 커 버렸지만, 그래도 광민이와 유민이가 귀엽군요.

천안(天安)에서

2005. 12. 10.

이훈종

CONTENTS

문화콘텐츠 총서 발간에 부쳐_5
EDITOR'S NOTE _ 6
PROLOGUE _ 8

1. 사업법 일반 · 12

(1) 다양한 기업형태 · 12

(2) 회사의 개념 · 16

(3) 상법전상 회사의 종류 · 21

(4) 주식회사의 설립 · 29

(5) 주식회사의 운영 · 36

(6) 상장법인 · 코스닥상장법인 · 44

(7) 어음 · 49

(8) 권리행사방법 · 52

2. 디지털사업에 적용되는 다양한 법 · 68

(1) 전자상거래에서의 소비자보호 · 68

(2) 간행물의 할인한도제 · 74

(3) 도메인이름 · 76

(4) 저작물 · 데이터베이스 · 온라인디지털콘텐츠 · 80

(5) 전자어음 · 88

(6) 전자게시판 운영자의 주의의무 · 93

(7) 영업방법특허 · 99

(8) 인터넷 도박장 개설 · 105

(9) 링크와 음란성 · 107

(10) 법을 바라보는 시각 · 112

3. 심층분석 · 116

(1) 도메인이름과 부정경쟁방지법 · 116

(2) P2P와 저작권 · 152

부록 유용한 사이트 · 181

1. 사업법 일반

(1) 다양한 기업형태

유비(劉備)란 사람이 혁신적인 아이디어를 갖고 있어 사업을 하여 커다란 수익을 얻을 것을 계획하고 있습니다. 이 아이디어를 구체적으로 현실화시켜야 하며, 영업조직을 구성하여야 하며, 사업에 필요한 자금을 조달하여야 합니다. 즉 필요한 자금이 있어야 획기적인 제품을 생산할 수 있으며, 영업조직망을 가동하여 제품을 판매하여야 이익을 얻을 수 있겠지요.

유비가 어떠한 기업의 형태를 선택하여 사업을 할 것이냐를 고민하다가 제갈공명(諸葛孔明)에게 질문합니다.

"기업을 창업하려는데 어떠한 기업형태를 취하는 것이 좋습니까?"

"그 질문은 어떤 색(色)을 좋아하느냐는 질문과 비슷합니다.

다양한 색이 있지요. 사람에 따라 좋아하는 색이 다르게 됩니다. 파란 색을 좋아하는 사람이 있고, 빨간 색을 좋아하는 사람이 있습니다. 노란색이나 검은 색을 좋아하는 사람도 있습니다.

다양한 종류의 기업형태가 있습니다. 다양한 기업은 나름대로 장단점을 갖고 있습니다. 기업을 창업(創業)하려는 사람은 다양한 종류의 기업 중 자신의 뜻과 형편에 맞는 기업을 설립할 수 있습니다."

"다양한 기업의 종류에 대하여 설명해 주시겠습니까?"

"다양한 종류의 기업을 크게는 개인기업과 공동기업으로 나눌 수 있습니다.

개인기업(個人企業)이란 개인이 주체가 되어 운영하는 기업, 즉 자연인(自然人)이 단독으로

상거래로 인한 권리의무(權利義務)의 주체가 되는 기업을 말합니다.

전에 남대문시장에서 돗자리를 파신 적이 있으시지요. 그때의 기업형태는 자연인 한 사람이 상거래에 관한 권리의무의 주체가 되는 개인기업이었습니다."

"그 때 내가 가진 돈은 5,000만 원이었습니다. 사업자금이 모자라 매월 1%의 이자를 지급하기로 하고, 은행에서 5,000만 원을 융자받았지요. 한 때는 돗자리가 잘 팔려 혼자서 팔기가 힘들었습니다. 그래서 매달 200만 원을 지급하기로 하고 한 사람을 고용한 적이 있었습니다."

"돗자리가 얼마나 많이 팔리느냐 와는 상관없이 약정한 보수와 이자를 지급하셨겠지요. 영업실적이 좋은 경우 약정한 보수와 이자를 지급하는 것은 문제될 것이 없으며, 오히려 혼자서 많은 이익을 얻을 수 있었습니다. 그러나 영업실적이 나쁜 경우 약정한 보수와 이자를 지급하는 것이 힘이 드셨을 것입니다."

"그랬습니다. 결국 영업실적이 나빠서 망해버렸습니다.

이제는 혼자서 기업을 운영하고 싶지는 않습니다. 공동기업에 대하여 말씀해주시면 좋겠군요."

"공동기업(共同企業)이란 공동으로 운영하는 기업을 말합니다.

공동기업은 조합, 익명조합 및 회사로 나눌 수 있습니다. 이 중 조합과 익명조합은 법인격(法人格)을 갖고 있지 않지만, 회사는 법인격을 갖고 있다는 차이가 있습니다.

조합(組合)은 조직적으로 힘을 합하여 운영되는 기업을 말합니다. 2인 이상이 출자하여 공동으로 사업을 경영할 것을 약정함으로써 성립하는 계약을 말합니다(민법703조1항).

익명조합(匿名組合)이란 익명이지만 조직적으로 힘을 합하여 사업할 것을 약정하는 계약입

니다. 당사자의 일방이 상대방의 영업을 위하여 출자하고 상대방은 그 영업으로 인한 이익의 분배를 약정하는 계약을 말합니다(상법78조).”

“조합이나 익명조합이라는 말을 이해하기가 어렵군요. 우선 조합이 무엇인지 알고 싶군요.”

“조합이라는 용어보다는 동업이라는 용어를 많이 사용하고 있습니다. 공동으로 기업을 운영하므로, 영업실적에 따라 이익을 분배하게 되고, 손해가 발생한 경우 그 손해를 분담하게 됩니다.

의형제(義兄弟)인 관우(關羽), 장비(張飛)와 함께 동업을 하신다고 생각해 보지요. 유비가 가진 돈 5,000만 원과 관우가 가진 돈 5,000만 원을 합하여 1억 원을 사업자금으로 하고, 장비는 영업활동을 담당하기로 약정한 것으로 생각하지요. 유비와 관우가 각각 이익의 40%를 갖기로 하고, 장비는 이익의 20%를 갖기로 약정할 수 있겠지요. 영업실적이 좋은 경우 세 사람은 이익을 분배하여 나누어 갖게 되고, 영업실적이 나빠 손해가 발생한 경우 그 손해를 분담하게 됩니다.”

“익명조합이란 무엇인가요?”

“익명(匿名)이란 본 이름을 숨긴다는 의미입니다. 혹시 고등학교나 대학시절에 익명의 러브 레터를 받아본 적이 있습니까?”

“제가 학창시절에 인기가 있었죠. 많이는 아니지만, 몇 장은 받아보았습니다.”

“편지를 쓴 사람이 자신의 이름을 밝히지는 않았겠지요.

이런 의미에서 본다면 익명조합이란 2인 이상이 공동으로 사업을 하는 것이 숨겨져 있다는 것이 되지요.

지금 당신이 혁신적인 사업을 계획하고 있으며, 이 사업의 이익이 상당히 클 것이 예상되며, 1억 원의 사업자금이 필요하다고 가정해보지요. 조조(曹操)란 사람에게 1억 원의 여유자금이 있습니다. 만약 이 돈을 당신에게 빌려주기로 하고 연 12%의 이자를 받기로 한다면 1년에 1,200만 원의 이자를 받게 되겠지요. 조조는 사업에 적극적으로 투자하여 많은 이익을 받고 싶어 하지만, 혹시 망할 지도 모르니 이에 대비하려고 합니다.

이 경우 조조가 내부적으로만 공동기업의 구성원이 되는 방법이 있습니다. 바로 익명조합을 이용하는 것입니다. 조조가 사업에 1억 원을 투자하기로 하고 영업이익의 50%를 받기로 한다면 영업이익이 1억 원인 경우 조조는 5천만 원의 이익을 얻게 됩니다. 만약 사업이 망하여 빚이 많다 하다하더라도 조조가 그 빚을 지급할 책임을 지지 않습니다.

"익명조합이라는 방법을 이용하는 경우 조조가 채무에 대하여 지급할 책임을 부담하지 않고 나 혼자 부담하게 되는 것입니까?"

"그렇습니다."

"그렇다면 별로 마음에 들지는 않군요. 형제들과 함께 회사를 설립하는 방법을 알아보고 싶습니다.

"회사(會社)는 조합과 마찬가지로 공동기업의 한 형태이지만, 조합과는 달리 회사 자신의 법인격이 인정됩니다. 즉 회사의 구성원이 아니라 회사 자신이 1차적인 권리의무의 주체가 됩니다. 조합 자체에는 법인격이 없으므로, 전 조합원이 공동으로 조합재산을 소유하게 되지요. 이에 비하여 회사재산은 회사 자신이 소유하게 됩니다."

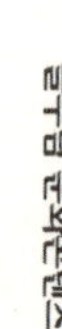

(2) 회사의 개념

“회사가 뭔지는 잘 모르겠지만, 마음에 드는군요.”

“법적으로 회사란 상행위 기타 영리를 목적으로 하는 사단법인을 말합니다(상법169조, 171조1항). 즉 회사는 사단성(社團性), 법인성(法人性) 및 영리성(營利性)을 갖게 됩니다.”

“회사가 영리를 추구한다는 것은 잘 알고 있습니다. 그러나 사단이니 법인이니 하는 말은 낯선 말이군요.”

“사단(社團)이란 사원(社員)으로 구성된 단체(團體)를 말합니다. 즉 사단의 구성원인 사원이 복수임을 의미하지요.

회사는 법인입니다. 법률상 인(人)의 종류를 자연인과 법인으로 나눌 수 있지요. 자연인(自然人)이란 자연적으로 인격이 인정되는 자를 말하지요. 어떤 남자가 여자를 사랑한다고 할 때 남자와 여자를 자연인이라고 합니다.

법인(法人)이란 법에 의하여 인격이 인정되는 자를 말하지요. 즉 자연인 이외의 자로서 법에 의하여 권리의무의 귀속주체가 될 수 있는 자를 말합니다. 법인에는 비영리법인과 영리법인이 있지요. 비영리법인(非營利法人)이란 학술, 종교, 자선, 기예, 사교 기타 영리 아닌 사업을 목적으로 하여 설립된 법인을 말합니다. 대학은 비영리법인의 형태를 취하고 있는 바, 예를 들어 학교법인 호서학원(學校法人湖西學院)을 들 수 있습니다.

영리법인(營利法人)으로서는 상행위 기타 영리를 목적으로 하여 설립된 회사를 들 수 있습니다. 회사의 법인격이 인정되는 것은 회사가 독립적인 존재로서 국민들에게 근로의 기회를 제공하고, 상품을 생산하여 유통시키는 등 사회에 유익한 역할을 하고 있기 때문입니다. 회사에 법인격이 부여되므로, 회사는 사원으로부터 독립하여 권리의무를 취득하게 됩니다.

"설명을 들어도 사단이니 법인이니 하는 용어는 이해하기가 좀 어렵군요."

"예를 들어보지요.

유명한 고려전자 주식회사(高麗電子株式會社)를 살펴보겠습니다. 고려전자 주식회사의 자본금은 1조 원이며, 수원에 소재한 이 회사의 본사는 20층 건물을 사용하고 있으며, 수원에 대규모의 가전제품 생산공장이 있으며, 천안에 대규모의 반도체 생산공장이 있으며, 직원의 수는 5만 명에 달하며, 대주주 왕건(王建)을 포함한 주주의 수가 1만 명이며, 홍유, 배현경, 복지겸 등의 이사가 있으며, 대표이사가 복지겸(卜智謙)이며, 유금필 등의 감사가 있습니다.

회사법과 관련하여 사원이라고 할 때에는 회사라는 사단의 구성원을 의미하게 됩니다. 주식회사의 사원이라고 할 때 그 회사에 근무하면서 월급을 받는 근로자를 의미하는 것이 아니라, 주식회사의 주주를 의미하게 되지요. 따라서 대주주 왕건 등 일만 명의 주주가 고려전자 주식회사의 사원이 되는 것입니다."

"고려전자 주식회사의 사원이 대주주 왕건과 다른 주주들이라니요?"

"그렇지요.

회사법상 사원이란 의미는 보통 우리가 사용하는 사원이란 말과는 차이가 있습니다. 회사에 근무하면서 월급을 받는 사람을 사원이라고 이야기하지만, 법적으로는 이러한 사람을 근로자라고 합니다. 따라서 고려전자 주식회사가 고용한 오만 명의 직원은 법적으로는 근로자가 되지요"

"법에서 사용하는 용어가 우리가 많이 사용하는 용어의 뜻과는 차이가 있네요. 법인이라는 말에 대해서도 좀 더 알 필요가 있을 것 같네요.”

　“법에 의하여 고려전자 주식회사의 법인격이 인정됩니다. 고려전자 주식회사가 독립적인 존재로서 국민들에게 오만 개의 일자리를 제공하고, 가전제품과 반도체 등을 생산하여 유통시키는 등 사회에 유익한 역할을 하고 있기 때문입니다. 고려전자 주식회사는 독자적인 권리능력을 가지므로 대주주 왕건 등 일만 명의 주주로부터 독립하여 권리와 의무를 취득하게 됩니다.

　고려전자 주식회사는 자연인과 마찬가지로 권리의무의 주체가 될 수 있지요. 예컨대 어떤 사람이 친구에게 10억 원이란 돈을 빌려 건물을 매수하여 소유하고 있다고 생각해봅시다. 그 사람은 건물의 소유권이라는 권리를 가지고 있으며, 10억 원을 친구에게 갚을 의무가 있습니다. 고려전자 주식회사도 권리의무의 주체가 될 수 있으므로, 자연인과 마찬가지로 건물의 소유권을 가질 수 있으며 10억 원이란 돈을 갚을 의무가 있을 수 있지요.

　홍길동(洪吉童)이라는 사람이 주택을 매수하는 과정을 살펴보지요. 홍길동은 가족들과 함께 살 집을 마련하기 위하여 주택을 구입하려고 합니다. 홍길동은 주택의 소유자와 매매계약을 체결하였을 것이며, 아마 부동산 매매계약서도 작성하였겠지요. 그 계약서에 계약금, 중도금, 잔금 등은 물론 건물을 구입하려는 홍길동이라는 매수인의 이름이 기재됩니다.

　이제는 고려전자 주식회사가 견훤(甄萱)으로부터 건물을 매수하는 과정을 살펴보지요. 매매계약서에 계약금, 중도금, 잔금 등은 물론 매수인인 고려전자 주식회사가 기재되어야 합니다. 고려전자 주식회사가 계약금, 중도금, 잔금을 지불하고 소유권이전등기를 마쳤을 때 건물의 소유자는 대주주인 왕건이나 대표이사인 복지겸이 아니라 고려전자 주식회사가 되는 것입니다.”

"그런데 이야기를 듣다 보니 의아한 점이 있네요.

자연인은 머리, 몸, 팔과 다리와 같은 육체를 갖고 있지만, 회사는 사람과는 달리 머리, 몸, 팔과 다리와 같은 육체를 갖고 있지 않습니다. 홍길동의 거래상대방은 육체를 갖고 있는 홍길동을 만나 협의해서 매매계약서를 작성하면 되겠지요. 그러나 고려전자 주식회사는 홍길동과는 달리 머리, 몸, 팔과 다리와 같은 육체를 갖고 있지 않습니다. 그럼 견훤이란 사람이 육체가 없는 고려전자 주식회사의 존재를 어떻게 인식할 수 있으며, 어떤 방식으로 고려전자 주식회사와 거래를 할 수 있습니까?"

"고려전자 주식회사는 회사의 목적, 상호, 발행예정 주식총수, 1주의 금액, 자본의 총액, 이사와 감사의 성명, 대표이사의 성명 등 고려전자 주식회사의 조직과 활동에 관한 중요한 사항을 상업등기부(商業登記簿)에 등기하여야 합니다. 견훤은 상업등기부를 열람함으로써 고려전자 주식회사의 조직과 활동에 관한 중요한 사항을 파악할 수 있으며, 누가 대표이사인지를 알 수 있게 되어, 대표이사 복지겸을 통하여 고려전자 주식회사와 거래할 수 있습니다.

대표이사 복지겸은 고려전자 주식회사를 위하여 부동산 매매계약을 체결하는 것입니다. 복지겸 개인이 아니라 고려전자 주식회사를 위하여 부동산 매매계약을 체결한다는 것을 계약서에 표시하여야 합니다. 매매계약서의 매수인 난에 '고려전자 주식회사 대표이사 복지겸'이라고 기재한 후에 도장을 찍거나 서명을 하면 됩니다. 소유권 이전

고려전자 주식회사가 대표이사를 통하여 견훤으로부터 부동산을 매수하는 구조

거래의 당사자

고려전자 주식회사 ——————— 대표이사 복지겸 ——————— 견훤

매수인　　　　　　고려전자 주식회사를 위하여　　　　　매도인
　　　　　　　　　견훤과 부동산매매계약을 체결

등기를 마쳤을 때 건물의 소유자는 고려전자 주식회사가 되지요.”

“뿐만 아니라 고려전자 주식회사는 소송의 당사자가 될 수도 있습니다. 만약 고려전자 주식회사의 이름으로 소유권 이전등기를 마쳤는데, 견훤이 소송을 제기하는 경우 고려전자 주식회사가 소송의 당사자가 될 수 있지요. 가령 그 건물을 매도한 사람이 진정한 권리자인 견훤이 아니라, 그의 친구인데 견훤이 여행을 간 동안 집을 보아주면서 견훤의 인감도장과 권리증을 훔쳐서 고려전자 주식회사에 건물을 10억 원에 양도하고 도망가 버렸다고 생각해보지요. 견훤이 고려전자 주식회사를 상대로 건물의 반환을 청구하는 소송을 제기한다면, 이 소송의 원고는 견훤이 되며, 피고는 고려전자 주식회사가 됩니다.

“잘 들었습니다. 회사란 것이 무엇인가를 좀 알 수 있을 것 같습니다.”

“그러시다면 질문을 하나 하도록 하겠습니다. 주식회사와 관련하여 이 질문을 하는 경우 틀린 대답을 하는 사람이 많더군요. 상인(商人)은 상행위를 영업으로 하는 인격체입니다. 기업 활동으로 인한 권리의무의 귀속주체가 되는 것이지요. 그렇다면 상인은 고려전자 주식회사입니까? 대주주인 왕건입니까?”

“아마도…….

고려전자 주식회사인 것 같습니다.”

“정답입니다.

이 경우 자연인인 왕건이 아니라 법인인 고려전자 주식회사가 상인이 됩니다. 자연스럽게 인격이 인정되는 자인 왕건이 아니라, 법에 의하여 인격이 인정되는 자인 고려전자 주식회사가 상거래에 관한 권리의무의 귀속주체가 되는 것이지요.

사람들은 상인이라고 하면 육체를 가진 존재를 연상합니다. 그래서인지 대주주 왕건이 상인이라고 대답하는 사람도 많습니다. 어려운 질문에 잘 대답하셨습니다."

"사실은 왕건이라는 생각이 들었는데, 틀린 대답을 하는 사람이 많다는 이야기를 듣고서 고려전자 주식회사라고 대답하였습니다."

"눈치가 상당히 빠르시군요!"

(3) 상법전상 회사의 종류

❶ 서

"회사의 종류에 대하여 이야기해 주시지요."

"회사의 종류는 다양합니다.

상법(商法)을 기준으로 회사의 종류를 분류하는 경우 합명회사(合名會社), 합자회사(合資會社), 주식회사(株式會社)와 유한회사(有限會社)의 네 가지 회사를 들 수 있습니다. 주로 사원이 부담하는 책임을 기준으로 4가지 회사로 나누어지는 것입니다. 합명회사는 이름[名]을 합한 사원으로 구성되는 회사, 즉 무한책임사원만으로 구성되는 회사입니다. 합자회사는 자본을 출자하는 사원도 힘을 합하여 구성되는 회사, 즉 무한책임사원과 유한책임사원으로 구성되는 회사입니다. 주식회사는 주식을 소유하는 주주로 구성되는 회사, 즉 유한책임사원인 주주만으로 구성되는 회사이며, 유한회사는 유한책임사원으로 구성하는 회사입니다."

“그런데 주식회사와 유한회사는 비슷한 것 같은데요.”

“자세하게 살펴보면 차이가 있지만, 유한회사와 주식회사의 사원은 원칙적으로 유한책임을 부담한다는 점에서 두 회사의 사원의 책임은 유사하다고 할 수 있지요.

그러나 주식회사는 대체로 대규모의 기업경영에 적합한 회사이지만, 유한회사는 중소규모의 기업경영에 적합한 회사입니다. 유한회사는 주식회사의 축소판이라고 할 수 있습니다. 즉 유한회사는 주식회사보다 최저 자본액(最低資本額)이 적으며, 기관구성이 간소화되어 있는 점 등이 주식회사와 다르게 되지요.”

“계속 이야기해 주시지요.”

“네 가지 회사 중 주식회사와 합명회사의 사원의 책임, 기관 및 사원의 지위 양도라는 점에서 차이점을 살펴보겠습니다.”

“왜 두 회사만 살펴봅니까?”

“현재 가장 많이 이용되고 있는 회사의 형태가 주식회사이며, 주식회사와 가장 대조적인 특색을 갖고 있는 회사가 합명회사입니다. 그래서 두 회사에 대하여 설명 드리려고 합니다. 원하신다면 네 회사 모두 설명 드리지요.”

“두 회사에 대해서 설명해주시지요.”

❷ 사원의 책임

① 합명회사 사원의 책임

“합명회사의 사원은 직접·연대·무한책임을 부담합니다. 회사재산으로서 회사채무를 완제할 수 없는 경우 합명회사의 사원들은 회사채권자에 대하여 직접적으로 연대하여 무한책임을 지게 되는 것이지요.”

“사례를 들어 주면 좋겠네요.”

“관중(管仲)과 포숙(鮑叔)이 설립한 관포지교문예 합명회사(管鮑之交文藝合名會社)를 생각해보지요. 관중과 포숙은 각각 1억 원 정도의 재산을 소유하고 있었습니다. 관중과 포숙이 각각 1천만 원씩 두 사람이 합하여 2천만 원을 투자하여 합명회사를 설립했습니다.

이 회사의 영업실적이 매우 나빠서 5천만 원의 채무를 부담하게 되었다고 가정해보지요. 여불위(呂不韋)라는 채권자가 이 회사에 대하여 채권을 행사하여도 변제받을 수 없었습니다. 이 경우 관중은 여불위에게 돈을 직접 갚아야 할 법적 책임이 있습니다. 설령 합명회사의 사원인 관중이 1억 원의 재산을 소유하고 있는데, 이중 1천만 원만을 투자할 생각으로서 합명회사의 설립에 참여한 것이라 하더라도 여불위에게 변제할 책임이 있습니다. 이러한 논리는 합명회사의 다른 무한책임사원인 포숙에 대하여도 적용됩니다.”

② 주식회사 사원의 책임

“주식회사는 주주의 출자로 구성되는 자본이 주식으로 분할되고, 원칙적으로 주주는 유한책임만을 부담하게 되는 회사입니다. 주식회사의 사원인 주주는 원칙적으로 유한책임(有限責任), 즉 주식의 인수가액을 한도로 한 책임만을 부담하게 됩니다.”

“형제인 관우, 장비와 함께 촉나라인터넷 주식회사를 설립할 계획을 갖고 있습니다. 제가 2억 원을, 관우와 장비가 각각 5천만 원을 투자하려고 합니다.”

"주식회사의 사원은 원칙적으로 유한책임을 부담합니다. 따라서 유비, 관우, 장비가 설립당시에 출자하기로 한 금액 모두를 촉나라인터넷 주식회사에 대하여 출자했다면 그 금액을 초과하는 책임은 부담하지 않습니다.

촉나라인터넷 주식회사의 영업실적이 매우 나빠서 원래의 투자금액 3억 원을 다 까먹은 것은 물론이며 채무만 5천만 원이 발생했다고 가정해보지요. 채권자들이 촉나라 인터넷 주식회사에 대하여 채권을 행사하여도 변제받을 수 없겠지요. 이 경우 합명회사의 무한책임사원인 관중과 포숙은 그 돈을 회사채권자들에게 직접 갚아야 할 법적 책임이 있었습니다. 그러나 주주인 유비, 관우, 장비가 부담하는 책임은 유한하므로, 유비, 관우, 장비가 설립당시에 출자하기로 한 금액을 촉나라인터넷 주식회사에 출자했다면 그 금액을 초과하는 책임은 부담하지 않습니다."

"주식회사의 사원이 유한책임 이외의 다른 책임을 부담하는 경우도 있습니까?"

"발기인(發起人)의 경우 엄격한 책임을 부담하며, 법인격부인론(法人格否認論)에 따라 주주의 유한책임이 부정되기도 합니다.

발기인의 책임을 예로 들어 보지요. 만약 장비가 5,000만 원을 출자하기로 하였지만, 출자를 이행하지 아니하고, 촉나라인터넷 주식회사의 설립등기가 완료되었다고 생각해보지요. 이 경우 발기인이 자본충실책임(資本充實責任)을 지게 됩니다. 만약 당신이 발기인이라면 자본충실책임을 지게 되겠지요. 장비의 출자금액 5,000만 원을 당신이 출자해야 할 책임을 지게 됩니다."

❸ 기관

① 합명회사의 기관

"다음에는 기관(機關)에 대하여 말씀드리겠습니다."

"기관이란 무엇을 말합니까?"

"회사는 자연인이 아니라 법인입니다. 따라서 회사의 의사와 활동은 회사의 조직상 일정한 지위에 있는 자에 의하여 실현됩니다. 즉 회사의 조직상 일정한 지위에 있는 자의 의사결정이나 행위는 법률상 회사의 의사결정이나 행위로 인정되는 것입니다. 회사의 의사를 결정하고 행위를 실행하는 회사조직상 지위를 회사의 기관이라고 하는 것이지요.

합명회사는 자기기관의 형태를 취하고 있습니다."

"자기기관이란 무슨 의미이지요?"

"자기기관(自己機關)이란 자기가 기관이 된다는 의미, 즉 사원 자신이 기관이 된다는 뜻입니다. 합명회사의 사원은 엄격한 책임을 지므로 그에 상응하여 회사의 업무를 집행하고 회사를 대표하는 권한을 갖게 됩니다. 합명회사의 사원이 엄격한 책임을 부담하는 것은 각 사원이 기업경영에 참여하기 때문입니다. 원칙적으로 각 사원은 각자 회사의 업무를 집행하고 회사를 대표하는 권한을 갖게 됩니다(상법207조).

따라서 관포지교문예 합명회사의 무한책임사원인 관중과 포숙이 각각 회사대표권(會社代表權)을 갖게 됩니다."

② 주식회사의 기관

"주식회사의 기관을 제3자 기관이라고도 합니다. 사원이 아닌 제3자도 기관이 될 수 있다는 것이지요. 주식회사의 기관은 주주총회, 이사회, 대표이사, 감사 또는 감사위원회입니다. 주주가 아니어도 주주총회 이외의 기관의 구성원이 될 수 있습니다.

의형제인 관우, 장비와 함께 3억 원을 투자하여 주식회사를 설립할 생각을 하고 계시지요. 삼 형제가 주식회사를 설립하는 경우 유비, 관우, 장비가 주주가 되며 이들을 구성원으로 하는 주주총회가 존재합니다. 주주는 주주총회를 통하여 이사와 감사의 선임, 정관의 변경 기타 회사의 중요사항에 대한 의사결정에 참여합니다(상법361조). 따라서 주주총회에서 이사와 감사를 선임하게 되지요."

"유비, 제갈공명, 조자룡(趙子龍)을 이사로 선임하고, 황충(黃忠)을 감사로 선임할 계획입니다."

"복수의 이사를 생각하고 계시지만, 구상하신 회사의 자본금은 5억 원 미만이기 때문에 이사를 1인만 선임하는 것도 가능합니다(상법383조1항)."

"3인의 이사를 선임할 생각입니다."

"생각하신 대로라면 이사회는 유비, 제갈공명, 조자룡으로 구성됩니다. 이사회(理事會)는 이사들로 구성된 회의체입니다. 이사회에서 주식회사의 업무집행에 관한 의사결정을 하고, 대표이사를 선임하게 됩니다(상법389조, 393조). 당신을 대표이사로 선임하는 것이 좋을 것 같습니다. 대표이사(代表理事) 유비는 업무를 집행하고 회사를 대표하게 됩니다(상법389조).

감사(監事) 황충은 회사의 직무에 대한 감사(監査)를 하게 되지요(상법412조)."

❹ 사원의 지위양도

① 합명회사 사원의 지위양도

"합명회사의 경우 사원의 지위를 양도하기 위해서는 다른 사원 전원의 동의를 얻어야 합니다(상법197조).

무한책임사원인 관중이 이태백(李太白)에게 사원의 지위를 양도하려고 합니다. 이 경우 다른 사원인 포숙의 동의를 얻어야 합니다."

"관중이 자신의 권리를 양도하는데 왜 다른 사원의 동의를 얻어야 합니까?"

"만약 관중이 이태백에게 사원의 지위를 양도하면 이태백이 관포지교문예 합명회사의 사원이 되겠지요. 합명회사의 각 사원에게는 원칙적으로 회사대표권이 부여됩니다. 따라서 이태백에게도 회사대표권이 부여되지요. 이태백의 대표행위로 인하여 관포지교문예 합명회사에 손해가 초래되어 채무를 완제할 수 없는 경우 포숙도 그 채무를 변제할 책임이 있습니다. 따라서 포숙이 이태백을 신뢰하여 관중이 이태백에게 사원의 지위를 양도하는 것을 동의하는 경우에만 가능합니다."

② 주식회사 사원의 지위양도

"주식회사의 경우는 어떻습니까?"

"주식회사의 경우 여러 가지 이유로 주식의 양도가 제한됩니다. 그러나 원칙적으로는 주식의 양도가 자유롭다고 할 수 있습니다.

촉나라인터넷 주식회사의 주주인 유비, 관우, 장비는 원칙적으로는 자유롭게 주식을 양도할 수 있습니다. 다른 주주의 동의를 받지 아니하고 자유롭게 주식을 양도하면서 그 대가를 받을 수 있습니다. 주주들이 촉나라인터넷 주식회사에 투자한 금액을 손쉽게 회수할 수 있는 방법을 마련해주기 위한 것입니다."

"합명회사 사원이 지위를 양도하는 경우와 비교하면 차이가 상당히 크군요."

"그렇습니다. 말씀드렸던 것처럼 합명회사와 주식회사는 매우 대조적인 회사입니다.
어떤 회사의 형태가 마음에 드십니까?"

"나름대로 장단점이 있군요.
합명회사는 중소규모의 기업에 적합한 것 같고, 주식회사는 대규모기업에 적합한 것 같습니다. 대규모기업에 적합한 회사의 형태인 주식회사를 설립하고 싶습니다."

"우리나라 회사 중 대부분이 주식회사의 형태를 취하고 있습니다. 대규모기업은 물론이며 중소규모의 기업도 주식회사의 형태를 취하는 경우가 많습니다."

합명회사와 주식회사의 비교

구 분	합명회사	주식회사
사원의 책임	직접, 연대, 무한책임	간접, 유한책임
기 관	자기기관 즉 사원이 기관	제3자기관 즉 주주총회, 이사회, 대표이사, 감사 또는 감사위원회
사원의 지위양도	전사원의 동의	원칙적으로 자유
경제적 효용성	중소규모 기업경영	대규모 기업경영

(4) 주식회사의 설립

❶ 발기설립과 모집설립

"주식회사를 설립하고 싶은데, 어떤 절차를 거쳐야 합니까?"

"먼저 발기설립을 할 것인지, 모집설립을 할 것인지를 정할 필요가 있습니다."

"발기설립은 무엇이고, 모집설립은 무엇인지요?"

"발기설립(發起設立)의 경우 발기인이 설립 시에 발행하는 주식의 총수를 인수하게 됩니다. 모집설립(募集設立)의 경우 발기인이 설립 시에 발행하는 주식의 일부만을 인수하고 나머지 수량의 주식에 대해서는 주주를 모집하게 됩니다.

주식회사의 설립 시에 3만 주의 주식을 발행한다고 생각해보지요. 발기인 유비, 관우, 장비가 설립 시에 발행하는 주식 3만 주를 모두 인수하는 경우 발기설립이 됩니다.

그러나 발기인 유비, 관우, 장비가 설립 시에 발행하는 주식 3만 주 중 일부만을 인수하고 나머지 주식에 대해서는 별도로 주주를 모집하여 황충과 조자룡이 주주가 되는 경우 모집설립이 됩니다. 모집설립이란 방법을 택한다면 별도로 주주를 모집하는 절차가 필요하며, 창립총회(創立總會)를 개최하여야 하므로, 발기설립보다 설립절차가 복잡합니다."

❷ 발기인

"그런데 발기인이란 어떤 사람을 이야기하는 것입니까?"

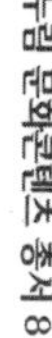

"주식회사를 설립하기 위해서는 설립을 기획하고 설립사무를 담당할 자가 필요합니다. 이러한 사람을 발기인(發起人)이라고 합니다. 발기인으로서 정관에 기명날인 또는 서명을 하여야 합니다(상법289조1항). 발기인은 주식회사의 설립사무를 담당하는 자이므로, 부실하게 주식회사가 설립된 경우 그에 대한 책임을 지게 되지요(상법321조, 322조 등)."

❸ 정관

"그럼 정관이란 무엇입니까?"

"정관(定款)이란 회사의 조직과 활동에 관한 기본원칙을 기재한 서면을 말합니다."

"어떤 사항을 기재하여야 하는 것입니까?"

"정관의 기재사항은 절대적 기재사항·상대적 기재사항 및 임의적 기재사항의 세 가지 사항으로 나누어볼 수 있습니다.

이중 절대적 기재사항에 대해서 살펴보도록 하지요. 절대적 기재사항은 말 그대로 정관에 절대적으로 기재하여야 하는 사항입니다. 만일 이러한 사항 중 일부가 정관에 기재되지 않으면 정관이 무효가 됩니다.

정관에 반드시 기재하여야만 하는 사항은 목적, 상호, 회사가 발행할 주식의 총수, 1주의 금액, 회사의 설립 시에 발행하는 주식의 총수, 본점의 소재지, 회사가 공고하는 방법 및 발기인의 성명, 주민등록번호 및 주소입니다(상법289조1항).

다음과 같은 정관의 모델을 살펴보고 의문점이 있으면 질문해 주시지요."

촉나라인터넷 주식회사 정관

제1조 (회사의 상호)

  회사의 상호는 "촉나라인터넷 주식회사"라고 한다.

제2조 (목적)

  회사는 다음 사업을 영위함을 목적으로 한다.

  1. 삼국지 등을 소재로 한 게임의 개발, CD의 발행

  2. 게임 등과 관련된 전자상거래에 관한 기술개발

  3. 위 각 사업의 목적을 달성하기 위하여 직접 또는 간접적으로 관련되
     는 사업 일체

제3조 (발행할 주식의 총수)

  회사가 발행할 주식의 총수는 보통주식 한 종류 120,000주로 한다.

제4조 (1주의 금액)

  회사가 발행할 모든 주식의 1주의 액면가는 1만 원으로 한다.

제5조(설립시에 발행하는 주식의 총수)

  설립시에 발행하는 주식의 총수는 보통주식 30,000주로 한다.

제6조 (본점의 소재지)

  회사의 본점은 서울특별시내에 둔다.

제7조 (공고의 방법)

  회사의 공고는 서울특별시내에서 발행되는 일간중앙일보에 게재한다.

제8조 (발기인)

발기인의 성명, 주민등록번호 및 주소는 다음과 같다.

1. 성명 : 유비　　주민등록번호 : 821212-1007777

　　주소 : 서울특별시 삼국구 촉나라동 1번지 1호

2. 성명 : 관우　　주민등록번호 : 801212-1007778

　　주소 : 서울특별시 삼국구 촉나라동 1번지 2호

3. 성명 : 장비　　주민등록번호 : 811212-1007779

　　주소 : 서울특별시 삼국구 촉나라동 1번지 3호

위와 같이 촉나라인터넷 주식회사를 설립하기 위하여 이 정관을 작성하고 발기인 전원이 기명날인한다.

서기　2005년　2월　2일

발기인　1. 유비　⑪　　발기인　2. 관우　⑪　　발기인　3. 장비　⑪

"촉나라인터넷 주식회사! 보면 볼수록 멋있는 상호이군요."

"회사의 상호는 회사를 표시하는 명칭입니다. 주식회사의 상호에는 주식회사라는 문자를 사용하여야 합니다(상법19조)."

"우리 회사의 자본금은 얼마가 되는 겁니까?"

"설립 시에 발행하는 주식총수에 1주의 액면금액을 곱하여 산출된 금액이 회사 설립시의 자본입니다.

촉나라인터넷 주식회사가 액면 1만 원인 주식 3만 주를 발행하게 되므로, 회사의 자본은 3억 원이 됩니다."

"발행할 주식의 총수는 12만 주인데 설립 시에 3만 주를 발행하면 9만 주가 남습니다. 그 주식은 어떻게 되는 것입니까?"

"9만 주의 범위 내에서 이사회가 신주(新株)의 발행 시기를 결정하게 됩니다."

"본점소재지의 의미는 무엇입니까?"

"본점소재지란 전 영업을 통괄하는 주된 영업소의 소재지를 의미합니다(상법171조2항). 본점소재지는 회사의 주소가 되어 등기와 각종 회사법상의 소에 있어서 관할의 기준이 되며 주주총회의 소집지를 정하는 기준이 됩니다(상법364조)."

"공고하는 방법을 정해 놓으셨네요."

"주식회사가 공고를 하는 경우가 있습니다(상법354조, 363조, 419조). 상법에서는 회사가 공고를 하는 방법을 정관에 기재하도록 요구하고 있답니다. 주주와 회사채권자 등 이해관계인이 공시사항을 손쉽게 인식할 수 있도록 하기 위한 것입니다.

회사의 공고는 관보 또는 시사에 관한 사항을 게재하는 일간신문에 하여야 하므로(상법289조3항), 일간신문 중 중앙일보를 선정하였습니다."

"발기인에 관한 사항이 정관에 구체적으로 기재되어 있군요."

"정관에는 발기인의 성명, 주민등록번호 및 주소가 기재되어야 합니다. 누가 발기인인가를

명백히 하기 위한 것입니다.

정관에 발기인들이 각각 기명날인 또는 서명한 후 공증인(公證人)의 인증을 받으면 정관으로서의 법적 효력이 인정됩니다(상법292조)."

❹ 회사의 실체구성

"정관 작성 이후의 절차를 말씀드리도록 하지요. 발기설립과 모집설립 중 어떤 설립방법을 선택하시겠습니까?"

"발기설립이 간편해서 좋겠습니다."

"발기설립의 경우에는 정관의 작성 이후 발기인의 주식인수, 출자의 이행 및 이사와 감사의 선임 등의 순서로 진행됩니다.

각 발기인은 회사의 설립 시에 발행하는 주식의 전부를 서면에 의하여 인수하여야 합니다(상법293조). 따라서 촉나라인터넷 주식회사의 설립 시에 발행하는 주식 전부인 보통주식 3만 주를 발기인 유비가 2만 주를 1억 원에, 관우와 장비가 각각 5천 주씩 5천만 원에 인수한다는 의사를 서면(書面)으로 하여야 합니다.

발기인이 회사의 설립 시에 발행하는 주식의 총수를 인수한 때에는 납입을 맡을 은행 기타 금융기관과 납입장소를 정하고 지체없이 그 인수가액의 전액을 납입하여야 합니다. 주식을 인수한 후 납입을 할 금융기관으로서 삼국지 은행(三國志銀行) 삼국동 지점(三國洞支店)으로 정하게 된다면 그 곳에 주식인수대금 3억 원이 납입되어야 합니다.

대금 납입이 완료되면 발기인들이 의결권의 과반수로 이사와 감사를 선임하게 됩니다. 인수주식 1주에 대하여 1개의 의결권이 인정됩니다(상법296조). 지난 번 말씀하신 것과 동일하게 생각하면 발기인 유비, 관우, 장비의 의결권의 과반수로 제갈공명, 조자룡, 유비를 이사로, 황충을 감사로 선임할 수 있습니다. 발기인은 발기인회 의사록(發起人會議事錄)을 작성하여 의사의 경과와 결과를 기재하고, 기명날인 또는 서명하여야 합니다(상법297조). 이사회에서는 대표이사로 당신을 선임하게 되겠지요.

　이사와 감사는 취임 후 지체없이 회사의 설립에 관한 모든 사항이 법령 또는 정관의 규정에 위반되는 지의 여부를 조사하여 발기인에게 보고하여야 합니다(상법298조1항)."

❺ 설립등기

"회사는 본점 소재지에서 설립등기를 함으로써 법인으로서 성립하게 됩니다(상법172조). 회사와 이해관계를 갖게 될 많은 사람들에게 회사 조직과 활동에 관한 중요한 사항을 공시하기 위한 것입니다.

　발기설립의 경우 이사와 감사의 조사보고가 종료한 날로부터 2주간 내에 설립등기를 하여야 합니다(상법317조1항). ① 정관, ② 주식의 인수를 증명하는 서면, ③ 이사와 감사의 조사보고서, ④ 발기인이 이사와 감사를 선임한 때에는 그에 관한 서면, ⑤ 이사·대표이사와 감사의 취임승낙을 증명하는 서면, ⑥ 주금의 납입을 맡은 은행 기타 금융기관의 납입금보관에 관한 증명서 등 다양한 서류를 첨부하여 설립등기를 신청하여야 합니다(비송사건절차법203조).

　등기하여야 할 사항으로서는 ① 회사의 목적, 상호, 발행예정주식총수, 1주의 금액, 회사의 공시방법, ② 자본의 총액, ③ 발행주식총수 및 각종 주식의 내용과 수, ④ 본점과 지점의 소

재지, ⑤ 이사와 감사의 성명과 주민등록번호, ⑥ 대표이사의 성명, 주민등록번호 및 주소 등입니다(상법317조2항).”

“정관에 기재해야만 할 사항이 아닌 이사, 감사 및 대표이사에 관한 사항도 등기하도록 되어 있군요.”

“그렇습니다.

상법에 따르면 정관 작성, 주식인수, 주금납입 및 이사와 감사의 선임 등의 순서로 회사 설립이 진행됩니다. 따라서 정관을 작성할 때에는 누가 이사, 감사 또는 대표이사인 지를 확정할 수 없습니다.

그러나 누가 이사, 감사 또는 대표이사인 지는 회사와 거래하려는 사람에게는 중요한 사항이 될 수 있습니다. 그래서 이러한 사항에 대해서는 상업등기부에 등기하도록 되어 있는 것입니다.”

(5) 주식회사의 운영

❶ 서

“주식회사를 운영하면서 주의해야할 점은 무엇입니까?”

“주의해야할 점은 매우 많습니다. 그 중 몇 가지를 언급하겠습니다.

주식회사는 법인이므로, 주식회사는 주주로부터 독립하여 권리를 취득하며 의무를 부담하게 됩니다. 주식회사의 기관이 분화되어 있으며, 법이 정한 절차에 따라 운영되어야 합니다.

대주주라 하더라도 법이 정한 절차에 따르지 아니하고 자의적으로 영향력을 행사하는 경우 그에 관한 책임을 부담할 수 있습니다. 이사에게 업무집행을 지시한 경우(상법401조의2), 법인격부인론이 적용되는 경우에는 대주주라 하더라도 책임을 부담하게 됩니다.”

❷ 법인격의 부인

“법인격부인론이란 것은 무엇입니까?”

“한 번 맞추어보시지요.”

“법인격부인론(法人格婦人論)이란 법(法)적으로 부인(婦人)에게도 인격(人格)이 있다는 이론(理論)인 것 같군요”

“재미있는 말이군요.

그러나 여기서는 결혼한 여자인 부인(婦人)이 아니라 부정한다는 의미에서의 부인(否認)을 의미합니다. 따라서 법인격부인론(法人格否認論)이란 회사의 법인격(法人格)을 부인(否認)하는 이론(理論)을 말합니다.”

“법인격부인론이란 단순히 이론적인 이야기인가요?”

“그렇지는 않습니다.

2001년 대법원은 회사가 외형상으로는 법인의 형식을 갖추고 있으나, 그 실질에 있어서는 완전히 그 법인격의 배후에 있는 자의 개인기업에 불과한 경우 배후자의 책임을 부정하는 것은 신의성실의 원칙에 위반되는 법인격의 남용이라고 판단하였습니다. 따라서 배후자에게 회

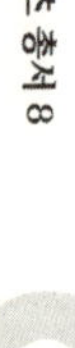

사의 행위에 관한 책임을 물을 수 있다고 판결하였습니다.[1]

"구체적으로 어떤 사례이었습니까?"

"봉이 김선달(金先達)이라는 사람이 대동강건설 주식회사(大同江建設株式會社)를 이용하여 분양사업을 하였습니다. 대동강건설 주식회사는 입주하려는 사람들과 오피스텔의 분양계약을 체결하였으며 계약금과 중도금을 받았답니다. 그러나 건물의 공사가 중단되어 사람들이 그 대금의 반환을 대동강건설 주식회사에 대하여 청구하였으나, 이 회사에 자력이 없어 대금을 반환받지 못하였습니다. 사람들은 대주주 김선달을 상대로 하여 대금의 반환을 청구하는 소송을 제기하였습니다."

"대주주라 하여도 유한책임(有限責任)을 부담하는 것으로 알고 있는데, 도대체 어떤 상황이었는지 궁금하군요."

"김선달이 대동강건설 주식회사 주식의 대부분을 소유하고 있었고, 주주총회나 이사회의 결의에 관한 법적 절차가 지켜지지 아니한 채 김선달 개인의 의사대로 회사를 운영하여 왔으며, 대동강건설 주식회사가 분양자들로부터 지급받은 분양대금을 이용하여 김선달 자신의 명의로 대지를 소유하는 등 대동강건설 주식회사의 재산과 김선달 개인 재산이 제대로 구분되어 있지 않았습니다.

대법원은 대주주 김선달이 대동강건설 주식회사를 완전히 지배하고, 대동강건설 주식회사의 사업은 실질적으로 김선달의 개인사업에 불과하므로, 대동강건설 주식회사와 분양계약을 체결한 자들과의 문제된 법률관계에 대해서 김선달에게 책임을 추궁할 수 있다고 판결하였습니다. 법률적인 형식으로는 대동강건설 주식회사는 법인으로서 주주인 김선달과는 별개의 법

---

1 대법원 2001. 1. 19. 선고 97다21604 판결.

인격을 갖고 있지만, 실질적으로는 김선달의 개인기업에 불과하므로 분양계약자들이 대동강건설 주식회사를 실질적으로 지배해온 김선달에게 매매대금의 반환을 청구할 수 있다는 것입니다.

대동강건설 주식회사의 법인격이 부인된 예

"만약 김선달이 법이 정한 절차에 따라 대주주의 권리를 행사하였다면 어떻게 되었을까요?"

"김선달이 법정 절차에 따라 대동강건설 주식회사를 운영하여 김선달 개인의 재산과 대동강건설 주식회사의 재산을 명확히 구별하였다면, 주주로서 대동강건설 주식회사에 투자한 금액만 손해를 당하게 되고 나머지 김선달의 재산은 안전하게 보호되었겠지요."

❸ 횡령죄

"뿐만 아니라 대주주가 자의적으로 회사재산을 자신의 개인적인 용도로 유용하는 경우에는 형사처벌을 받을 수 있습니다.

만약 위나라인터넷 주식회사의 대주주 조조가 법이 정한 절차를 따르지 아니하고 위나라인터넷 주식회사가 소유하는 5천만 원을 자신의 개인적인 용도로 써버린 경우에는 어떻게 될까요?"

"그 경우에도 죄가 됩니까?"

"그렇습니다.

　대법원에 따르면 사실상 1인회사에 있어서도 회사와 주주는 분명히 별개의 인격체이어서 1인회사의 재산이 곧바로 그 1인주주의 소유라고 볼 수 없습니다. 따라서 조조가 사실상 1인주주라 하더라도 위나라인터넷 주식회사의 재산을 임의로 처분하는 경우 횡령죄(橫領罪)에 해당된다고 합니다."[2]

　"왜 죄가 되는지 잘 이해가 안 됩니다."

　"주식회사가 보유하는 재산은 주주는 물론 회사채권자들을 보호하기 위한 것입니다. 조조와 위나라인터넷 주식회사는 별개의 인격체입니다. 법이 정한 절차에 따라 조조에게 이익배당을 하는 경우 등을 제외하고는 위나라인터넷 주식회사의 재산은 회사의 채권자들을 보호하기 위하여 위나라인터넷 주식회사가 보유하고 있어야 합니다.

　가령 손권(孫權)이란 사람이 위나라인터넷 주식회사에 외상으로 물건을 납품하여 대금채권 5천만 원을 갖고 있다고 하지요. 손권은 위나라인터넷 주식회사로부터 5천만 원의 지급을 받을 권리가 있지만, 위나라인터넷 주식회사가 보유하는 재산이 없다면 변제받을 수 없게 됩니다. 만약 조조가 위나라인터넷 주식회사가 소유하는 5천만 원을 자신의 유흥비로 써버린 경우라면 조조의 횡령으로 인하여 손권은 자신의 채권을 위나라인터넷 주식회사로부터 변제받을 수 없게 됩니다. 채권자인 손권을 보호하기 위하여 위나라인터넷 주식회사가 재산을 보유하고 있어야 합니다. 그래서 위나라인터넷 주식회사가 소유하는 5천만 원을 개인적인 용도로 써버린 조조의 행위는 횡령죄에 해당됩니다."

2 대법원 1989. 5. 23. 선고 89도570 판결.

❹ 지배인의 행위에 대한 회사의 책임

"이사나 상업사용인 또는 피용자의 행위에 대하여 촉나라인터넷 주식회사가 책임을 부담할 수 있다는 점에 대하여도 주의하여야 합니다. 촉나라인터넷 주식회사는 상업사용인의 행위에 대한 책임(상법11조3항), 표현대표이사의 행위에 대한 책임(상법395조), 표현대리인의 행위에 대한 책임(민법126조), 피용자의 행위에 대한 책임(민법756조) 등 다양한 책임을 부담할 수 있습니다."

"잘 모르는 용어가 많군요. 상업사용인이란 무슨 말입니까?"

"상업사용인(商業使用人)이란 상업적으로 사용되는 인간 즉 특정한 상인에 종속되어 영업에 관한 대외적 거래를 대리(代理)하는 자를 말합니다.

상업사용인은 권한의 범위에 따라 포괄적인 권한을 갖고 있는 지배인, 부분적이기는 하지만 포괄적인 권한을 가지고 있는 상업사용인 및 물건판매점포의 점원으로 나뉘어 집니다.

이 중 가장 광범위한 대리권을 갖고 있는 지배인에 대하여 살펴보지요. 지배인(支配人)이란 영업소를 지배하는 인간 즉 영업주에 갈음하여 영업에 관한 포괄적인 행위를 할 수 있는 상업사용인을 말합니다(상법11조1항).

"역시 잘 이해가 안 되는군요."

"지점장이나 영업소장으로 이해하시면 됩니다."

"아! 지점장이나 영업소장을 말하는 것이군요. 진작 그렇게 말씀하셨으면 쉽게 이해했을

텐데요.”

“상법에서는 영업소장이나 지점장이라는 명칭을 사용하지 않고 있습니다. 지배인에 관한 규정을 두고 있을 뿐입니다. 그래서 지배인이라고 말씀을 드린 것이지요.

지배인은 지점의 영업에 관한 포괄적인 권한을 갖게 됩니다.”

“그럼 지배인으로 임명하면서 권한을 제한할 수는 없나요?

마속(馬謖)이 똑똑하여 천안지점을 개설할 때 지점장으로 임명하고 싶습니다. 그런데 아직 경험이 없어 권한을 제한하고 싶습니다.”

“물론 가능합니다.

마속을 지배인으로 임명하면서 권한을 제한하면 됩니다. 예를 들어 마속을 천안지점의 지배인으로 임명하면서 1천만 원 이상의 구매행위는 이사회의 결의를 얻은 후에 할 수 있도록 마속의 권한을 제한할 수 있습니다.

그러나 지배인의 대리권에 대한 제한은 선의(善意)의 제3자에게 대항하지 못합니다(상법11조3항).”

“선의란 무슨 뜻입니까?”

“지배인 마속의 권한이 제한되었지만, 마속이 이사회의 결의를 얻지 아니하고 제3자인 손권으로부터 2천만 원의 물건을 외상으로 매수하였다고 생각해보지요.

지배인 마속의 권한이 제한되었지만, 마속이 이사회의 결의를 얻지 아니하고 물건을 매수한 사실을 알고 있었다면 손권에게 악의(惡意)가 있었다고 하지요. 그러나 그 사실을 몰랐었다면 손권에게 선의(善意)가 있었다고 합니다.”

"그러면 손권이 왜 제3자가 됩니까?

며칠 전에 옆집 부부가 말싸움을 하는 것을 구경하다가 참견을 하였습니다. 그때 남편이 당사자가 아닌 제3자는 집에 가서 발 닦고 잠이나 자라고 하던데요. 남의 부부 사이에 이해관계가 없는 사람이 참견한다고 막 화를 내더군요."

"그거야 상황이 어떻게 되느냐에 따라 달라질 수 있겠지요.

만약 옆집 부부가 단순히 말싸움을 하는 것만이 아니라 남편이 물건을 던져서 당신 집의 유리창이 깨졌다면 이해관계가 있었겠지요."

"그건 맞는 말씀입니다."

"여기서는 촉나라인터넷 주식회사가 마속을 지배인으로 임명한 것으로 가정하였지요. 촉나라인터넷 주식회사와 마속간의 관계는 상인(商人)과 지배인(支配人)간의 관계입니다. 이 관계를 기준으로 한다면 촉나라인터넷 주식회사와 손권과의 관계를 상인과 제3자와의 관계라고 이야기할 수 있습니다. 제3자라도 경우에 따라서는 이해관계를 가질 수 있지요."

"그러면 어떻게 되는 것입니까?"

"손권이 선의이며, 중대한 과실이 없는 경우 촉나라인터넷 주식회사에게 2천만 원의 지급을 청구할 수 있습니다."

"그런데 손권에게 악의 또는 중대한 과실이 있는 지가 애매모호한 경우에는 어떻게 됩니까?"

"촉나라인터넷 주식회사가 손권에게 악의 또는 중대한 과실이 있다는 사실을 입증하여야 합니다. 입증하지 못한다면 촉나라인터넷 주식회사는 제3자인 손권에게 대항할 수 없게 됩니다. 결국 대금을 지급할 책임을 지게 됩니다.[3]

---

3 대법원 1997. 8. 26. 선고 96다36753 판결.

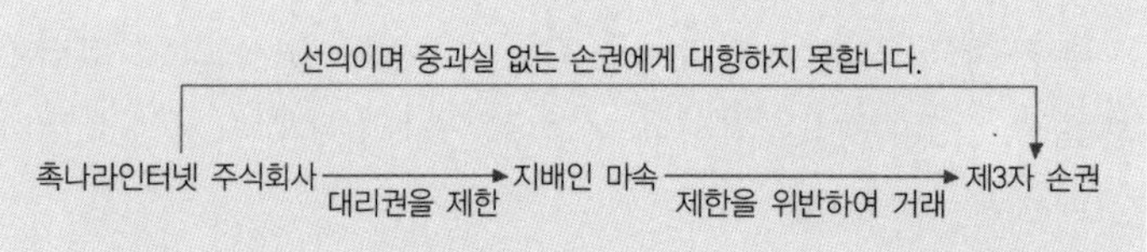

지배인 마속의 대리권이 제한되었지만, 제한을 위반하여 거래한 경우 촉나라인터넷 주식회사와 제3자 손권의 관계를 표로 나타내면 위와 같습니다."

"이사회에서 마속의 천안 지점장 임명 건에 대하여 신중하게 검토하겠습니다."

(6) 상장법인 · 코스닥상장법인

"일간신문을 보면 주식의 시세가 나오는데, 우리 회사 주식의 시세는 나오지 않더군요."

"일간신문에는 상장법인과 코스닥상장법인의 시세가 나오지요. 상장법인이란 유가증권시장에 상장된 유가증권을 발행한 법인을 말하며, 코스닥상장법인이란 코스닥시장에 상장된 유가증권을 발행한 법인을 말합니다(증권거래법2조). 코스닥시장이란 유가증권의 매매거래를 위하여 한국증권선물거래소가 개설하는 시장을 말하며, 유가증권시장이란 유가증권의 매매거래를 위하여 한국증권선물거래소가 개설하는 코스닥시장 외의 시장을 말합니다(증권거래법2조, 한국증권선물거래소법2조)."

"유가증권시장이나 코스닥시장은 왜 생긴 것입니까?"

"쉬운 비유를 들어가면서 질문을 하도록 하겠습니다.

어떤 사람이 물건을 만들어 다른 사람들에게 팔려고 합니다. 그 사람이 자기의 친구나 친척에게만 상품을 판매하는 방법과 그 사람이 시장에서 상품을 판매하는 방법 중 어떤 방법이 보다 많은 물건을 파는 방법입니까?"

"시장에서 상품을 판매하는 방법이겠죠."

"그럼 소비자들의 입장에서는 친구나 친척에게 물건을 사는 방법과 시장에서 물건을 사는 방법 중 어떤 방법이 보다 다양한 물건을 자기의 취향에 맞게 살 수 있는 방법입니까?"

"그것도 마찬가지로 시장에서 물건을 사는 것이겠죠."

"특정한 주식회사가 주위 사람들을 대상으로 자본을 조달하려는 방법과 일반 대중을 대상으로 자본을 조달하려는 방법 중 어떤 방법이 보다 많은 자본을 조달하는 방법일까요?" "후자의 방법이 보다 많은 자본을 조달하는 방법입니다."

"투자자의 입장에서는 환금성이 적은 주식회사에 투자하는 방법과 환금성이 큰 주식회사에 투자하는 방법 중 어떤 방법이 자기의 형편에 맞게 투자할 수 있는 방법일까요?

"그야 환금성이 큰 주식에 투자하는 방법이지요."

"지금 이야기한 것을 정리해보면 왜 유가증권시장이나 코스닥시장이 형성되었는지를 알 수 있겠지요.

대규모의 주식회사가 활발하게 활동하기 위해서는 거액의 자본이 필요하며, 주식회사가 거액의 자본을 조달하기 위해서는 많은 사람들이 주식회사에 대하여 투자하여야 합니다. 수시로 주식을 매매하여 투자한 원금을 회수하거나 매매차익을 얻을 수 있는 증권시장이 존재하여야 많은 사람들이 주식에 대한 투자를 하게 되겠죠. 대규모의 주식회사는 거액의 자본을

조달하기를 원하며, 일반인들은 투자이익을 얻기를 원합니다. 대규모 주식회사와 일반인들의 욕구를 충족시키기 위하여 증권시장이 형성·발전되었습니다.

일반적인 주식회사의 주식거래는 통상 거래 자체가 드물며, 이해관계인이 적습니다. 이에 비하여 상장회사와 코스닥상장회사의 주식거래는 일반적인 주식거래에 비해 거래량이 많으며, 가격이 계속 변화하며, 이해관계인이 매우 많습니다."

"이에 대한 법률관계는 어떻게 규율하는 것입니까?"

"상장법인과 코스닥상장법인에 대하여는 증권거래법과 한국증권선물거래소법이 우선적으로 적용됩니다. 증권거래법과 한국증권선물거래소법에 해당되는 조문이 없는 경우 상법이 적용됩니다. 한국증권선물거래소는 유가증권시장과 코스닥시장에 상장할 유가증권의 심사를 위하여 유가증권시장 상장규정과 코스닥시장 상장규정을 정하고 있습니다(증권거래법88조). 한국증권선물거래소 홈페이지 'http://www.krx.co.kr'를 방문하면 유가증권시장 상장규정과 코스닥시장 상장규정 등 증권에 관한 다양한 규정을 볼 수 있습니다."

"상장법인이나 코스닥상장법인이 아닌 주식회사에 대해서는 적용되는 구체적인 법률이 차이가 있을 수 있겠네요."

"그렇습니다.

증권거래법은 유가증권시장과 코스닥시장의 특성을 감안한 다수의 규정을 두고 있지요. 예를 든다면 상법상 주식(株式)의 양도방법은 주권(株券)의 교부이지만, 상장법인과 코스닥상장법인의 주식거래는 증권예탁원에 주권을 예탁하고 주식의 양도시 주권(株券)을 교부하는 대신에 전산으로 거래하는 방식을 취하고 있습니다."

"주권이란 무엇이지요."

"주권(株券)은 주식을 표창하는 유가증권(有價證券), 즉 주주의 권리를 표창하는 유가증권이지요. 주식은 사채와 더불어 증권시장에서 투자자들에 의하여 거래되는 중요한 상품입니다. 주식회사가 증권의 발행이란 방법에 의하여 필요한 자금을 조달하는 수단이라는 점에서 주식과 사채는 동일합니다. 그러나 사채권자(社債權者)는 금전채권을 행사할 수 있는 데 비하여, 주주는 주주권을 행사할 수 있다는 점에서 차이가 있습니다.

관우가 촉나라인터넷 주식회사에 5천만 원을 투자하여 5천 주의 주식을 소유하고 있습니다. 따라서 다음과 같은 일백 주권(株券) 50장을 소유하게 됩니다."

촉나라인터넷 주식회사 주권

일백주권

금 일백만 원 정　　가 0000201호

주주 관우 귀하

1. 회사의 상호　　　　　　　　촉나라인터넷 주식회사
2. 회사의 성립연월일　　　　　2005년 2월 2일
3. 회사가 발행할 주식의 총수　십이만 주
4. 1주의 금액　　　　　　　　일만 원

본 주권은 당회사 정관에 의한 주식 일백 주의 주주임을 증명하기 위하여 위의 기명자에게 교부함.

2005년　2월 2일

촉나라인터넷 주식회사 대표이사 유비　㊞

　"관우는 촉나라인터넷 주식회사에 대하여 이익배당청구권, 의결권 등 주주권을 행사할 수 있으며, 주주권을 양도하여 투자한 원금을 회수할 수 있습니다. 만약 관우가 비상장법인(非上場法人)인 촉나라인터넷 주식회사의 주식을 양도하려고 한다면, 매수인에게 촉나라인터넷 주식회사 주권(株券)을 교부하면 됩니다. 두 사람이 만나서 대금을 받고 주권(株券)을 교부하게 되겠지요."

　"상장법인의 주식을 양도하는 방법은 어떻게 된다구요."

　"촉나라인터넷 주식회사의 사업실적이 매우 좋아 위나라인터넷 주식회사를 합병하고, 통일인터넷 주식회사로 상호(商號)를 변경한 후 상장되었다고 가정해보지요. 통일인터넷 주식회사의 주식이 양도되는 과정을 살펴보지요. 먼저 통일인터넷 주식회사 주권(株券)을 증권예탁원에 예탁을 하게 됩니다. 그리고 고객의 위탁을 받은 증권회사 간에 주식이 매매됩니다.

　예컨대 통일인터넷 주식회사의 주식 100주를 소유한 사람이 동양증권 주식회사에 주식의 매도를 위탁하는 경우 동양증권 주식회사가 매도인이 됩니다. 통일인터넷 주식회사의 주식 100주를 매수하려는 사람의 위탁을 받은 현대증권 주식회사가 매수인이 됩니다. 이 때 주권의 교부란 방법을 택한다면 동양증권 주식회사의 직원이 현대증권 주식회사의 직원을 직접 만나 통일인터넷 주식회사의 주권을 교부하여야 합니다. 증권회사 간에 거래되는 주식의 종류가 다양하고 수량이 매우 많으므로, 주권의 교부란 방법을 택한다면 양도절차가 매우 번거롭게 되고, 주권을 분실할 염려가 있습니다. 따라서 주권이 분실될 위험을 방지하고, 신속하게 주식을 거래하기 위하여 증권예탁원에 주권을 예탁하고 거래하는 방식을 취하게 된 것입니다."

(7) 어음

"사업을 하다보면 어음을 취급하는 경우가 많이 있습니다."

"어음에 대하여 설명해주시지요."

"어음은 약속어음과 환어음으로 나누어볼 수 있습니다. 환어음은 국제 거래에서 많이 사용되고 있으며, 약속어음은 국내 거래에서 많이 이용되고 있습니다. 여기서는 약속어음에 대하여 살펴보지요. 약속어음이란 지급을 약속하는 어음 즉 발행인이 일정한 금액을 수취인(受取人) 등 증권상의 권리자에게 지급할 것을 약속하는 증권입니다."

"유장(劉璋)이 물건을 납품하면서 그냥 외상으로 하지 말고, 약속어음을 발행하여 달라고 부탁을 하고 있습니다. 그래서 약속어음을 발행하여 유장에게 교부하려고 합니다."

"그러면 촉나라인터넷 주식회사가 2005년 5월 1일 약속어음을 발행하여 유장에게 교부하는 예를 살펴보지요. 촉나라인터넷 주식회사는 2005년 8월 1일을 만기로 하는 액면 금액 1천만 원인 약속어음을 발행하여 유장에게 교부합니다.

당신은 촉나라인터넷 주식회사를 대표할 권한을 갖고 있는 대표이사(代表理事)이므로, 촉나라인터넷 주식회사를 대표하여 여러 가지 거래를 하게 되지요. 촉나라인터넷 주식회사를 대표하여 어음을 발행하는 일도 당신의 직무범위에 포함됩니다. 대표이사가 주식회사를 대표하여 어음을 발행할 경우 일정한 사항을 기재한 후 법인의 상호와 더불어 대표자격을 표시하고, 대표이사가 기명날인 또는 서명합니다. 어음 앞면에 '촉나라인터넷 주식회사 대표이사 유비 ㉑'라고 기재하여 유장에게 어음을 교부하게 됩니다. 대표이사는 주식회사를 대표할 권한을 갖고 있을 뿐이므로, 유비가 발행인이 되는 것은 아닙니다. 촉나라인터넷 주식회사가 발행인이 됩니다.

아마도 다음과 같이 금전의 지급을 약속하는 약속어음을 발행하게 되겠지요."

약속어음

NO. 1

유장 앞

일금   일천만 원 정   ₩10,000,000

위의 금액을 유장 또는 그 지시인에게 이 약속어음과 상환하여 지급함.

발행일 2005. 5. 1.   지급일 2005. 8. 1

지급지   서울특별시

지급장소   서울특별시 삼국지은행 삼국동지점

발행지   서울특별시

발행인   촉나라인터넷 주식회사 대표이사 유비 ㉑

"촉나라인터넷 주식회사로부터 약속어음을 교부받은 유장을 수취인이라고 하지요. 유장은 어음을 소지하고 있다가 만기(滿期)에 촉나라인터넷 주식회사에 일천만 원의 지급을 청구하거나 다른 사람에게 어음을 양도할 수 있습니다.

유장이 손권에게 어음을 양도하는 경우를 살펴보지요. 유장은 어음 뒷면에 '유장 ㉑'라고 기재하여 손권에게 어음을 양도합니다. 이와 같이 어음을 양도하는 방식을 배서(背書)라고 합니다. 배서란 어음 뒷면[背]에 쓰는 것[書]을 의미합니다. 배서하는 사람을 배서인(背書人)이라고 하고, 배서받는 사람을 피배서인(被背書人)이라고 한다. 여기서 배서인은 유장이 되며, 피배서인은 손권이 됩니다."

<table>
<tr><td></td><td></td><td></td><td></td><td>앞의 금액을 손권
또는 그 지시인에게
지급하여 주십시오

2005년 5월 7일
유장 ㊞</td></tr>
</table>

"손권은 어음을 소지하고 있다가 만기에 일천만 원의 지급을 청구하거나 다른 사람에게 어음을 양도할 수 있습니다.

손권이 2005년 8월 1일 촉나라인터넷 주식회사에 어음금의 지급을 청구한다면, 촉나라인터넷 주식회사는 어음금 1,000만 원을 지급하여야 합니다. 만약 촉나라인터넷 주식회사가 어음금을 지급하지 못한다면, 손권은 배서인 유장에게 어음금의 지급을 청구할 권리가 있습니다."

(8) 권리행사방법

❶ 권투시합

"실제로 소송을 제기하여 권리를 행사하는 것은 권투시합을 하는 것과 비슷합니다."

"무슨 말씀이십니까?"

"주식회사의 경리부장이 직무와 관련하여 자금을 차용하였지만, 자신의 개인적 이익을 위하여 그 자금을 사용한 사건이 있었습니다. 원고은행이 주식회사를 피고로 하여 소송을 제기하고, 여러 가지 방법으로 자신의 권리를 행사하려고 하였습니다.

원고은행은 ① 경리부장이 피고회사의 부분적 포괄대리권을 가진 상업사용인이며, ② 설사 이러한 상업사용인이 아니라 하더라도, 민법상 표현대리인에 해당되며, ③ 설사 표현대리인이 아니라 하더라도, 피고회사가 피용자의 행위에 대한 손해배상책임을 져야 한다고 주장하였습니다."

"다양하게도 권리를 주장했군요."

"사실은 원고은행의 소송을 대리한 변호사가 그렇게 주장한 것이지요.

이 사건에 관한 판결을 살펴보겠습니다.[4]

먼저 경리부장이 피고회사의 부분적 포괄대리권을 가진 상업사용인이라는 원고측의 주장에 대하여 살펴보지요. 대법원은 피고회사의 자금차입을 위하여 이사회의 결의를 필요로 하는 등의 사정에 비추어 보면 특별한 사정이 없는 한 경리부장이 독자적으로 자금을 차용할

---

4 대법원 1990.1.23. 선고 88다카3250 판결.

수 있는 권한을 피고회사로부터 위임받지 않았다고 보았습니다. 이 사건에서는 경리부장이 자금차용에 관한 권한을 위임받았다고 볼 만한 특별한 사정이 없었기 때문에 경리부장에게는 상법 제15조의 부분적 포괄대리권이 없다고 판결하였습니다.”

“만약 경리부장에게 부분적 포괄대리권이 있다고 판결했다면 결과가 달라졌습니까?”

“그렇겠지요.

부분적 포괄대리권(部分的包括代理權)을 가진 상업사용인이란 부분적이지만 포괄적인 대리권을 갖는 상업사용인을 말합니다. 영업에 관한 특정한 종류 또는 사항에 대한 위임을 받아 그에 관한 재판 외의 모든 행위를 할 수 있는 권한을 가진 상업사용인이지요.

피고회사가 부분적 포괄대리권을 가진 상업사용인에 대하여 대리권을 제한할 수 있지만, 대리권에 대한 제한은 선의의 제3자에게 대항할 수 없습니다(상법15조).”

“대법원이 경리부장에게 부분적 포괄대리권이 있다고 판결했다면 원고은행이 손쉽게 승소했겠군요.”

“그 다음에 대법원은 경리부장의 자금차입이 피고회사와의 관계에 있어서 권한을 넘은 표현대리에 해당하는가에 대하여 살펴보고 있습

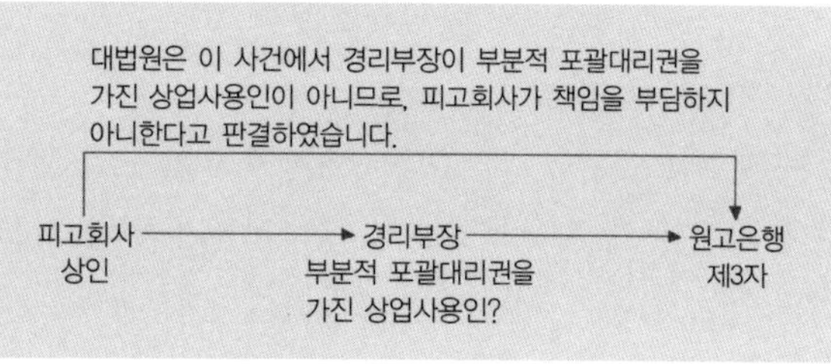

부분적 포괄대리권에 관한 대법원의 판결

니다. 대법원은 원고은행이 피고회사에 대하여 표현대리책임을 묻기 위하여는 원고은행이 거래상대방으로서 선의이면서 무과실(無過失)이어야 한다는 점을 밝히고 있습니다.

이 사건에서는 원고은행이 정상적인 대출절차를 밟았더라면 경리부장에게 대리권이 없었다는 것을 알 수 있었다고 합니다. 따라서 원고은행이 주의를 다하지 아니한 과실이 있었으므로, 원고은행은 피고에게 표현대리책임도 물을 수 없다고 판결하였습니다."

"표현대리란 무엇인가요?"

"대리(代理)란 본인을 대신(代身)하여 이치(理致)에 맞는 행위를 하는 것입니다. 대리인이 본인을 위하여 의사표시를 하거나 받음으로써 그 효과가 본인에게 발생하는 제도이지요. 표현대리(表見代理)란 겉으로[表] 나타나기에는[見] 대리권이 존재하는 것처럼 보이는 것 즉 대리인에게 대리권이 없음에도 불구하고 마치 대리권이 존재하는 것처럼 보이는 것을 의미합니다.

민법에 따르면 대리인이 권한 외의 법률행위를 한 경우에 제삼자가 그 권한이 있다고 믿을 만한 정당한 이유가

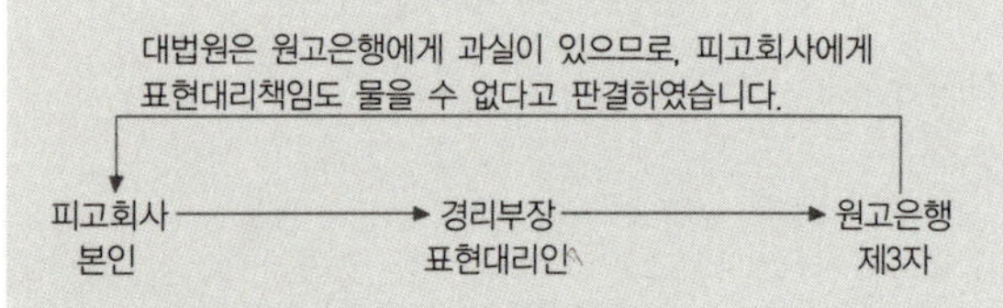

있는 때에는 본인은 그 행위에 대하여 책임이 있습니다(민법126조). 대법원은 제3자가 선의이며 무과실인 때 제3자에게 정당한 이유가 있다고 보는 것입니다."

"결국 대법원은 어떻게 판결하였습니까?"

"경리부장은 회사의 은행거래, 유가증권의 할인 등에 의한 피고회사의 자금조달의 사무를 집행하는 자였습니다. 이 점에 비추어 대법원은 이 사건에서의 대출은 외형상 경리부장의 사무집행에 관하여 이루어진 것이라고 판단하였습니다. 또한 원고은행은 선의이었다고 판단하

였습니다. 따라서 대법원은 피고회사가 경리부장의 사용자로서 원고가 입은 손해를 배상할 책임이 있다고 판결하였습니다.

"사용자책임은 또 무엇인가요?"

"사용자책임(使用者責任)이란 사용자가 피용자의 행위에 대하여 부담하는 책임을 말합니다.

타인을 사용하여 사무에 종사하게 한 자[使用者]는 피용자(被用者)가 그 사무집행에 관하여 제삼자에게 손해를 준 경우 피용자의 선임과 감독을 게을리 하지 아니하였다는 것을 입증하지 못하면 그 손해를 배상할 책임이 있습니다(민법756조). 피용자의 직무에 관한 행위로 이익을 얻는 사용자가 피용자의 직무에 관련된 행위로 인하여 손해를 당한 자에게 손해를 배상하는 것이 공정하므로, 사용자에게 부과되는 책임입니다."

사용자책임에 관한 대법원의 판결

대법원은 피고회사가 경리부장의 사용자로서 원고은행이 당한 손해를 배상할 책임이 있다고 판결하였습니다.

피고회사	경리부장	원고은행
사용자	피용자	제3자

"그런데 소송이 어떤 점에서 권투(拳鬪)와 비슷합니까?"

"비유적으로 생각해보면 유사한 점이 많지요.

권투는 두 사람의 선수가 양손에 글러브를 끼고 서로 상대를 쳐서 승패를 가리는 경기이지요. 세컨드(second)가 선수에게 작전을 지시하거나 땀을 닦아 주죠. 소송에서는 원고와 피고 두 사람이 서로 자기의 주장을 내세워 승패를 가리게 되지요. 변호사도 소송에서 당사자를 도와주지요."

"그러면 앞에서 살펴본 소송도 권투시합과 유사한 점이 있습니까?"

"이 소송에서 원고은행은 다양한 방법으로 피고를 공격하였습니다. 처음에는 경리부장이 피고회사의 부분적 포괄대리권을 가진 상업사용인이니까 피고회사가 책임을 져야 한다고 주장하였으며, 두 번째에는 경리부장이 민법상 표현대리인이므로 피고회사가 책임을 져야 한다고 주장하였습니다. 그러나 대법원은 이 두 가지 주장을 받아들이지 않았습니다. 그러자 세 번째에는 피고회사가 사용자로서 피용자의 행위에 대한 책임을 져야 한다고 주장하였습니다. 이 주장을 대법원이 받아들이게 되었습니다. 만약 세 번째 주장을 하지 아니하였다면 원고은행은 패소하였겠지요.

어떤 권투선수가 잽(jab), 스트레이트(straight), 어퍼컷(upper cut)등을 능숙하게 구사하여 시합을 하는 것을 생각해보지요. 처음에는 짧게 치는 잽을 이용하여 상대방을 쓰러트리려고 하였습니다. 두 번째에는 일직선으로 치는 스트레이트를 이용하여 상대방을 다운시키려 하였습니다. 그러나 상대방은 다운되지 않았습니다. 그러자 세 번째에는 밑으로부터 턱을 올려치는 어퍼컷으로 상대방을 쳐서 다운시켰습니다. 만약 이 권투선수가 멍청하거나 실력이 미숙하여 어퍼컷을 날리지 않았다면 오히려 시합에서 졌을지도 모릅니다."

❷ 등산코스

"대법원은 어음에 관한 소송에서 어떤 조문(條文)이 적용되느냐에 따라서 제삼자라는 용어를 다르게 해석하고 있습니다.

민법에 따르면 대리인이 권한 외의 법률행위를 한 경우에 제삼자가 그 권한이 있다고 믿을 만한 정당한 이유가 있는 때에는 본인은 그 행위에 대하여 책임이 있습니다(민법126조). 상법에 따르면 회사는 표현대표이사의 행위에 대하여 선의의 제삼자에게 책임을 지게 됩니다(상법395조). 대법원은 상법상 표현대표이사가 어음행위를 한 경우 제3자의 범위가 제한되지 않지만, 민법상 표현대리인이 어음행위를 한 경우 제3자의 범위가 제한된다고 판결하고 있습니다."

"민법상 표현대리에 관한 규정은 앞에서 살펴보았던 사항이군요.

그러나 표현대표이사에 대해서는 구체적으로 살펴보지 않았던 것 같군요. 표현대표이사란 무엇인가요?"

"표현대표이사(表見代表理事)란 겉으로[表] 나타나기에는[見] 회사를 대표할 권한이 있는 이사를 말합니다. 대표이사로 선임되어 등기된 자는 아니지만, 그가 사용하는 명칭이 대표권을 가지는 자에게 부여된 명칭이기 때문에 진정한 대표이사와 같은 외관을 가지는 자를 말합니다. 사장, 부사장, 전무, 상무 등 회사를 대표할 권한이 있는 것으로 인정될 만한 명칭을 사용한 이사의 행위는 그 이사가 회사를 대표할 권한이 없는 경우에도 회사는 선의의 제3자에 대하여 그 책임을 지게 됩니다(상법395조).

제삼자가 선의(善意)이며 중과실(重過失)이 없다면 보호받을 수 있습니다. 표현대표이사가 회사를 대표할 권한이 없다는 것을 몰랐어야 하며, 선의인 데 대하여 중대한 과실이 없어야 합니다."

"조금 어려운 이야기인 것 같군요. 천천히 이야기해 주시지요."

"먼저 표현대리인의 어음행위와 제삼자의 범위에 대하여 이야기하도록 하겠습니다.

　대법원에 따르면 권한을 넘은 표현대리에 관한 민법의 규정에서 제3자란 당해 표현대리 행위의 직접 상대방이 된 자만을 지칭하는 것입니다. 다만 직접 상대방에 대한 관계에서 표현대리의 요건이 충족된 경우에 그 후의 어음취득자가 이 요건을 원용하는 것은 가능하다고 합니다."[5]

　"구체적인 예를 드는 것이 좋겠습니다."

　"대한제과 주식회사(大韓製菓株式會社)는 이성계(李成桂)가 발행한 어음을 취득하였습니다. 대한제과 주식회사는 다음과 같은 어음을 취득한 것입니다."

약속어음

NO. 2

대한제과 주식회사 대표이사 고종　앞

일금　　　　　일천만 원 정　　　　　　　　　₩10,000,000

위의 금액을 대한제과 주식회사 대표이사 고종 또는 그 지시인에게 이 약속어음과 상환하여 지급함.

　　　　　발행일　2005. 7. 1.　　　　　　　　지급일　2005. 10. 1.

지급지　　　　한양시

지급장소　　　한양시 조선동 1-1

발행지　　　　한양시

발행인　　　　이성계 ㊞

[5] 대법원 1994. 5. 27. 선고 93다21521 판결.

"대한제과 주식회사의 총무담당 상무이사 이완용(李完用)은 어음을 양도할 권한이 없었지만, 합방제과 주식회사(合邦製菓株式會社) 대표이사 을사적(乙巳賊)과 공모하여 배서에 의하여 어음을 합방제과 주식회사에 양도하였습니다."

> 앞의 금액을 합방제과 주식회사 대표이사 을사적 또는 그 지시인에게 지급하여 주십시오
>
> 2005년 7월 7일
> 대한제과 주식회사
> 대표이사 고종 ㉑

"합방제과 주식회사는 어음을 배서에 의하여 이준(李儁)에게 양도하였습니다. 이준은 어음을 양도할 권한이 없는 대한제과 주식회사 총무담당 상무이사 이완용이 합방제과 주식회사에게 어음을 양도하였다는 사실을 알지 못하고 어음을 취득하였습니다. 이준은 다음과 같은 어음을 취득한 것이지요."

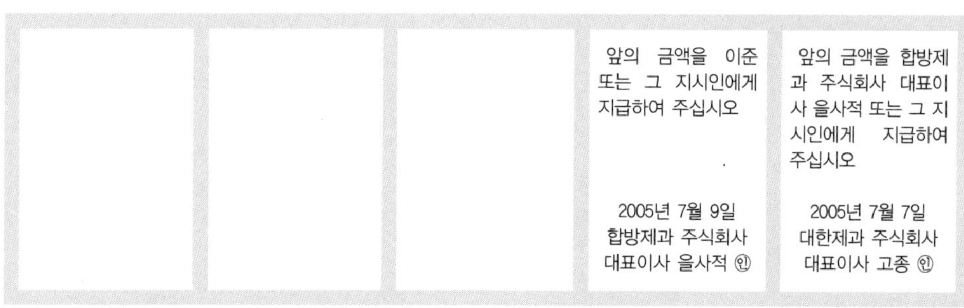

"이 어음의 유통과정을 말씀해보시겠습니까?"

"……."

"이성계가 약속어음을 발행하여 대한제과 주식회사에 교부하였으며, 대한제과 주식회사가 배서에 의하여 합방제과 주식회사에 어음을 양도하였으며, 합방제과 주식회사가 배서에 의하여 이준에게 어음을 양도하였습니다. 즉 이성계 → 대한제과 주식회사 → 합방제과 주식회사 → 이준의 순으로 어음이 유통되었습니다.

이준이 이성계에게 어음금의 지급을 청구하였지만, 부도처리 되었습니다."

"이준은 권리를 포기하였습니까?"

"아닙니다.

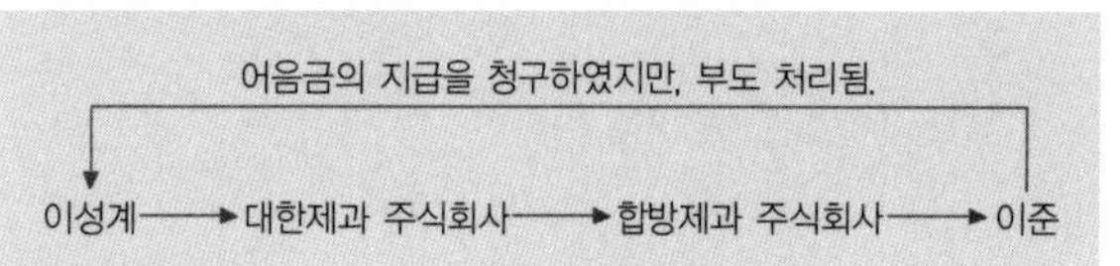

이준은 대한제과 주식회사에 어음금의 지급을 청구하였습니다. 이완용

이 권한 외의 행위를 하였지만, 자신이 그 권한이 있다고 믿을 만한 정당한 이유가 있었기 때문에 대한제과 주식회사가 그 행위에 대하여 책임을 져야 한다고 주장하였습니다. 즉 대리인이 월권행위(越權行爲)를 하였지만, 제삼자가 그 권한이 있다고 믿을 만한 정당한 이유가 있었기 때문에 본인이 대리인의 월권행위에 대하여 책임을 져야 한다(민법126조)고 주장했던 것이지요.

이렇게 이준은 자신이 민법 제126조의 표현대리에 관한 규정에 따른 제3자라고 주장하면서 대한제과 주식회사에 어음금의 지급을 청구하는 소송을 제기하였습니다.

이준이 승소(勝訴)하였을까요?"

"잘 모르겠네요."

"대법원은 표현대리의 직접적인 상대방인 합방제과 주식회사가 악의(惡意)이므로, 이준이 민법 제126조의 제3자에 해당되지 아니한다고 판결하였습니다."

"그렇다면 이준이 대한제과 주식회사로부터 어음금을 지급받지 못하였다는 이야기입니까?"

"그렇습니다.

대법원은 이준이 민법 제126조의 제3자에 해당되지 아니한다고 판결하였습니다.

이성계 ⟶ 대한제과 주식회사 ⟶ 합방제과 주식회사 ⟶ 이준
악의

그러나 대법원은 상법상 표현대표이사에 관한 규정이 적용되는 경우에는 제삼자의 범위를 확장하고 있습니다."

"관련된 사례를 말씀해주시지요."

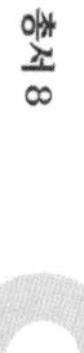

"수양제(隋煬帝)가 발행한 어음을 당나라건설 주식회사가 취득하였습니다. 다음과 같은 어음을 취득한 것이지요."

약속어음

NO. 3

당나라건설 주식회사 대표이사 당현종 앞

일금   일천만 원 정   ₩10,000,000

위의 금액을 당나라건설 주식회사 대표이사 당현종 또는 그 지시인에게 이 약속어음과 상환하여 지급함.

발행일 2005. 9. 1.   지급일 2005. 12. 1.

지급지   장안시

지급장소   장안시 장안동 1-1

발행지   장안시

발행인   수양제 ㉑

"당나라건설 주식회사가 양귀비를 전무이사(楊貴妃)로 임명하였지만, 어음을 발행하거나 배서할 권한을 부여하지는 아니하였습니다. 권한이 없음에도 불구하고 전무이사 양귀비가 안사건설 주식회사(安史建設株式會社) 대표이사 안록산(安祿山)과 공모하여 배서에 의하여 어음을 안사건설 주식회사에 양도하였습니다."

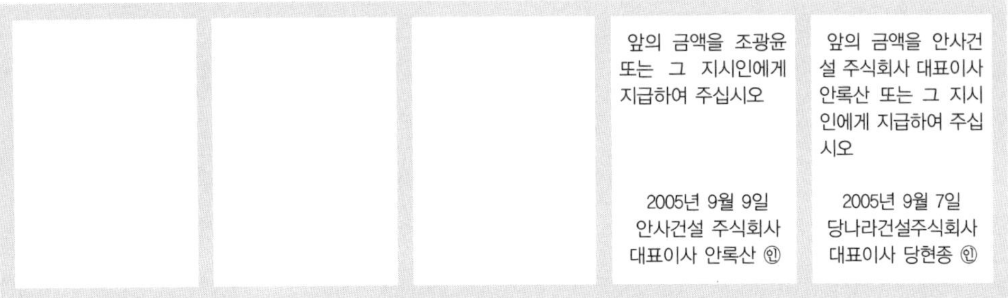

"안사건설 주식회사는 배서에 의하여 조광윤(趙匡胤)에게 어음을 양도하였습니다. 조광윤은 어음을 양도할 권한이 없는 당나라건설 주식회사 전무이사 양귀비가 안사건설 주식회사에게 어음을 양도하였다는 사실을 알지 못하고 어음을 취득하였습니다. 조광윤은 다음과 같은 어음을 취득하였습니다."

"이 어음의 유통과정을 말씀해보시겠습니까?"

"수양제가 약속어음을 발행하여 당나라건설 주식회사에 교부하였으며, 당나라건설 주식회사가 배서에 의하여 안사건설 주식회사에 어음을 양도하였으며, 안사건설 주식회사가 배서에 의하여 조광윤에게 어음을 양도하였습니다.

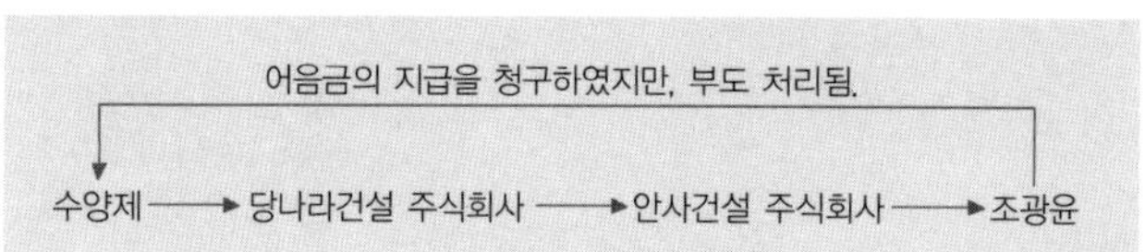

즉 수양제 → 당나라건설 주식회사 → 안사건설 주식회사 → 조광윤의 순으로 어음이 유통되었습니다."

"잘 말씀하셨습니다."

"조금 전 질문에는 대답을 못하여 이번에는 유심히 듣고 있었습니다."

"조광윤이 수양제에게 어음금의 지급을 청구하였지만, 부도처리 되었습니다."

"조광윤은 당나라건설 주식회사에 어음금의 지급을 청구하였습니다. 그러나 당나라건설 주식회사는 실제로 어음에 배서한 것은 양귀비의 행위라고 주장하며, 어음금의 지급을 거절하였습니다.

그러자 조광윤은 양귀비가 표현대표이사(表見代表理事)라고 주장하였습니다. 양귀비가 겉으로 나타나기에는 당나라건설 주식회사를 대표할 권한이 있는 이사이기 때문에, 당나라건설 주식회사가 양귀비의 행위에 대하여 제삼자인 조광윤에게 책임을 져야 한다(상법제395조)고 주장했던 것이지요. 이렇게 조광윤은 자신이 상법 제395조의 표현대표이사에 관한 규정에 따른 제3자라고 주장하면서 당나라건설 주식회사에 어음금의 지급을 청구하는 소송을 제기하였습니다.

조광윤이 승소할 수 있을까요?"

"앞에서 대법원은 표현대리의 직접적인 상대방인 합방제과 주식회사가 악의이므로, 이준이 민법상 표현대리에 관한 규정의 제삼자에 해당되지 아니한다고 판결하였지요.

이 사건에서도 표현대표이사의 직접적인 상대방인 안사건설 주식회사가 악의이지요. 그렇다면 마찬가지로 조광윤이 상법상 표현대표이사에 관한 규정의 제삼자에 해당되지 않을 것 같네요."

"그렇지 않습니다.

대법원은 표현대표이사에 관한 규정이 적용될 수 있다고 판결하

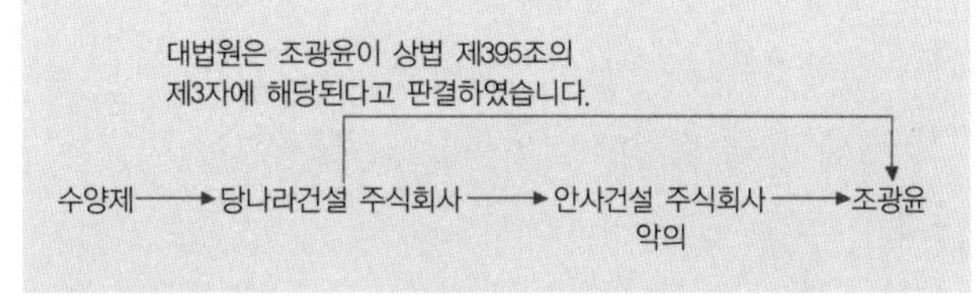

였습니다. 조광윤이 상법 제395조의 제3자에 해당될 수 있다는 것이지요."

"표현대표이사에 관한 규정이 적용되기 위한 요건이 충족된 경우 당나라건설 주식회사가 조광윤에게 어음금을 지급할 책임을 집니다.[6] 조광윤이 선의이며 중과실이 없어야 하지요."

"이해하기가 어렵군요.

대법원은 표현대리인의 직접적인 상대방이 악의인 경우 그 상대방으로부터 어음을 양도받은 자가 제삼자에 해당되지 아니한다고 판결하였습니다. 그러나 표현대표이사의 직접적인 상

---

[6] 대법원 2003. 9. 26. 선고 2002다65073 판결.

대방이 악의인 경우 그 상대방으로부터 어음을 양도받은 자가 제삼자에 해당될 수 있다고 판결하였군요.

왜 대법원은 어음에 관한 소송에서 동일한 제삼자라는 용어의 해석을 달리 하고 있는 것입니까?"

"각 조문의 해석을 엄격하게 하고 있는 것 같습니다."

"대법원의 판결이 타당합니까?"

"등산하는 것에 비유하여 생각해볼 수 있습니다. 산에 오르는 두 코스가 있습니다. 한 코스는 나무가 우거진 숲을 통하여 정상까지 오르는 코스이고, 다른 하나는 꽃이 만발한 꽃밭을 거쳐 정상까지 오르는 코스입니다.

꽃밭을 통해 정상에 도달하는 것은 가능하고 숲을 통해 정상에 도달하는 것은 불가능합니까?"

"어느 쪽 코스를 통하여 정상까지 올라갈 것인지는 등산하는 사람의 마음 내키는 대로 하면 될 것 같습니다."

"그렇습니다!

특별한 이유가 없다면 어느 쪽 코스를 이용하여 정상까지 올라갈 것인가는 등산객의 마음대로 할 수 있겠지요. 숲을 통해 정상에 도달하는 것을 금지하는 합리적인 이유가 있느냐를 생각해 보아야겠지요.

만약 숲을 거쳐 정상까지 오르는 코스의 중간에 다리가 끊겨서 도저히 올라갈 수 없는 상황이라면 이 코스를 통하여 정상까지 등반하는 것을 제한하는 것은 타당합니다. 그러나 숲을 통해 정상에 도달하는 것을 금지하는 합리적인 이유가 없다면 정상에 도달하는 방법을 제한하는 것은 부당하겠지요.”

“그런데 등산코스와 어음에 관한 소송에서 제3자의 범위는 어떤 관계가 있는 것입니까?”

“어음을 소지한 사람의 입장에서는 어음금을 지급받아야 합니다. 이 사람은 민법상 표현대리에 관한 규정 또는 상법상 표현대표이사에 관한 규정에 따라 권리를 행사할 수 있습니다.

어음금을 지급받는 것을 정상에 도달하는 것이라고 생각할 수 있지요. 숲을 통해 정상까지 올라가려는 것은 민법상 표현대리에 관한 규정에 따라 어음금을 지급받으려는 것입니다. 꽃밭을 통해 정상까지 올라가려는 것은 상법상 표현대표이사에 관한 규정에 따라 어음금을 지급받으려는 것입니다.

대법원은 꽃밭을 통해 정상까지 올라가는 것은 허용하지만, 숲을 통해 정상까지 올라가는 것은 허용하지 않는 것이지요. 숲을 통해 정상까지 올라가는 것을 제한해야만 할 이유가 있을까요?”

2. 디지털사업에 적용되는 다양한 법

(1) 전자상거래에서의 소비자보호

❶ 서

"우리 촉나라인터넷 주식회사는 인터넷을 통하여 많은 상품을 판매하고 있습니다. 강유(姜維)의 이야기를 듣자 하니 인터넷을 통하여 상품을 판매하는 경우 다양한 법률이 적용된다고 합니다.

내가 회사의 대표이사로서 이러한 법에 대하여 어느 정도는 알고 있어야 할 것 같아서 여쭈어 보려고 합니다."

"다양한 법률이 적용된다는 강유의 이야기는 맞습니다.

먼저 전자상거래 등에서의 소비자보호에 관한 법률에 관한 이야기를 드리도록 하지요. 이 법률은 2002년 2월 제정되어 시행되고 있습니다."

"이 법률은 왜 제정된 것입니까?"

"소비자가 사업자를 직접 만나 거래하는 것이 아니라 웹사이트를 통하여 사업자와 거래하게 됩니다. 만약 못된 사업자와 거래하게 된다면 소비자가 기만을 당할 수 있겠죠. 이와 같이 소비자와 사업자가 직접 만나지 아니한 상황에서 거래가 이루어지는 경우 소비자를 보호할 필요성이 큽니다. 우리나라에서는 소비자의 권익을 보호하기 위하여 전자상거래 등에서의 소비자보호에 관한 법률을 제정하였습니다."

❷ 적용범위

"이 법률은 전자상거래와 통신판매 등의 방법으로 상품이나 서비스를 제공하고 그 대가를 받는 거래에 대하여 적용됩니다. 전자상거래란 상품이나 서비스를 제공함에 있어 그 전부 또는 일부가 전자문서에 의해 처리되는 상거래를 말합니다(전자상거래등에서의소비자보호에관한법률2조1호). 전자문서란 정보처리시스템에 의하여 전자적 형태로 작성되거나 송·수신된 정보를 말하지요(전자거래기본법2조). 통신판매란 우편·전기통신 등의 방법으로 상품이나 서비스에 관한 정보를 제공하고 소비자의 주문에 의하여 상품이나 서비스를 판매하는 것을 말합니다.

쉽게 이야기한다면 인터넷을 통하여 고객이 주문을 하고 물건을 우송하거나 사업자가 우편을 통하여 상품에 관한 정보를 제공하고 고객이 그 상품을 주문하고 사업자가 그 물건을 우송하는 경우 전자상거래 등에서의 소비자보호에 관한 법률이 적용됩니다."

"전화를 걸어서 소비자에게 권유하여 물건을 판매하는 경우에도 이 법률이 적용되는 것입니까?"

"그런 경우에는 이 법률이 적용되지 아니하고, 방문판매 등에 관한 법률이 적용됩니다(전자상거래등에서의소비자보호에관한법률2조2호). 상품의 판매를 영업으로 하는 자가 소비자를 방문하여 소비자에게 권유하여 물건을 판매하는 경우 방문판매 등에 관한 법률이 적용됩니다. 사업자나 그 직원이 소비자를 방문하는 것과 전화를 거는 것은 적극적으로 소비자에게 권유하여 물건을 판매하려는 행위로 취급하고 있습니다.

이에 비하여 인터넷을 통하여 소비자가 물건을 주문하는 경우에는 사업자의 적극적인 행위 없이 상거래가 이루어지는 것입니다. 그래서 적용되는 법규를 달리하고 있는 것입니다."

"우리 회사의 물건을 매수하는 사업자에게도 이 법이 적용되는 것입니까?"

"그렇지는 않습니다.

전자상거래 등에서의 소비자보호에 관한 법률은 사업자가 상행위를 목적으로 구입하는 거래에 대하여는 적용되지 않습니다. 게임 CD를 판매하는 것을 영업으로 하는 사업자가 우리 회사로부터 대량의 물건을 구입하여 소비자들에게 판매하려는 경우에는 이 법률은 적용되지 않는다는 거죠. 그 사업자가 우리 회사와 대등한 입장에서 거래를 할 수 있기 때문이지요."

"경우에 따라서는 그 사업자가 우리 회사보다 우월한 입장에서 거래를 할 수도 있겠죠."

"그렇습니다.

그러나 사업자라 하더라도 사실상 소비자와 같은 지위에서 다른 소비자와 같은 거래조건으로 거래하는 경우에는 이 법이 적용됩니다(전자상거래등에서의소비자보호에관한법률3조1항). 만약 가구를 판매하고 있는 사업자가 아이에게 선물하기 위하여 우리 회사로부터 CD를 구입하는 경우에는 이 법이 적용됩니다."

❸ 사업자의 의무

"전자상거래 등에서의 소비자보호에 관한 법률에서는 소비자를 보호하기 위하여 사업자에게 매우 다양한 의무를 부과하고 있습니다. 이 법에서는 통신판매업자에게 신원을 밝힐 의무, 상품 자체와 상품 거래와 관련된 중요한 사항을 소비자에게 알릴 의무, 거래기록을 보존할 의무, 소비자의 계약철회에 응할 의무, 계약의 성립 또는 상품의 훼손 등에 관한 입증의무 등을 부과하고 있습니다.”

“복잡하니까 그 중 몇 가지만 말씀해주시지요.”

“알겠습니다.

소비자는 직접 사업자를 만나 거래하는 것이 아닙니다. 만나볼 수 없는 사업자가 신뢰할만한 사람인 가를 판단하는 자료를 입수하는 것은 매우 중요합니다. 따라서 통신판매업자는 상호 및 대표자의 성명, 주소·전화번호·전자우편주소, 통신판매업신고번호 등 신원에 관한 사항을 밝혀야 합니다(전자상거래등에서의소비자보호에관한법률13조1항).

그리고 소비자가 상품을 직접 확인해 보지 않고 웹사이트에 나타난 상품에 관한 정보를 보고 계약하는 것이기 때문에 상품에 관한 정확한 정보를 제공받는 것도 중요합니다. 또한 소비자가 상품 거래와 관련된 중요한 사항을 알 필요가 있습니다. 따라서 통신판매업자는 소비자가 상품 자체와 상품 거래와 관련된 중요한 사항을 정확하게 이해하고 거래할 수 있도록 적절한 방법으로 표시하고, 그러한 사항이 기재된 계약내용에 관한 서면을 교부하여야 합니다(전자상거래등에서의소비자보호에관한법률13조2항본문). 통신판매업자는 구체적으로 ① 상품의 공급자 및 판매자에 관한 사항, ② 상품의 명칭·종류 및 내용, ③ 상품의 가격과 그 지급 방법 및 시기, ④ 상품의 공급 방법 및 시기, ⑤ 상품청약의 철회에 관한 사항 등 다양한 사항에 대하여 소비자에게 서면으로 교부하여야 합니다.

그러나 신속한 거래를 위하여 소비자의 동의를 얻은 경우에는 서면으로 교부하지 아니하고 전자문서 등으로 대신할 수 있습니다(전자상거래등에서의소비자보호에관한법률13조2항단서).”

❹ 소비자의 계약철회권

"전자상거래 등에서의 소비자보호에 관한 법률에 따라 사업자는 소비자의 계약철회에 응할 의무가 있습니다. 사업자에게 의무이니 소비자에게는 권리가 되지요. 소비자는 조건없는 계약철회권(契約撤回權)을 갖게 됩니다. 소비자는 상품의 공급을 받은 날로부터 7일 이내에 자유롭게 당해 계약에 관한 청약(請約)을 철회할 수 있습니다(전자상거래등에서의소비자보호에관한법률7조1항)."

"그게 무슨 이야기입니까? 잘 이해가 안 되는군요."

"소비자가 물건을 우리 회사에 주문하면 직원들이 그 물건을 우송하고, 소비자가 그 물건을 배달받게 되지요. 소비자가 물건을 우리 회사에 주문하는 것을 법률적으로 청약이라고 합니다. 소비자가 우리 회사와 매매계약(賣買契約)을 체결하자고 청(請)하는 것이지요. 소비자가 주문한 것을 철회하게 되는 것을 매매계약에 관한 청약을 철회한다고 합니다.

법률적으로 소비자는 물건을 배달받고 나서 7일 이내에는 주문을 철회할 수 있다는 이야기입니다."

"그건 좀 문제인 것 같네요. 물건에 아무런 결함이 없어도 그렇다는 이야기입니까?"

"그렇습니다.

소비자의 마음이 달라지면 물건에 결함이 없어도 배달받고 나서 7일 이내에는 주문을 철회할 수 있다는 이야기입니다. 다만 소비자의 귀책사유(歸責事由)로 상품이 훼손된 경우, 시간의 경과에 의하여 재판매가 곤란할 정도로 상품의 가치가 현저히 감소한 경우, 복제가 가능한 상품의 포장을 훼손한 경우에는 청약을 철회할 수 없습니다(전자상거래등에서의소비자보호에관한법률7조2항)."

"그런데 우리 회사 직원의 실수로 물건을 잘 못 포장했는지, 소비자의 과실로 인해 상품이 손상되었는지가 애매한 경우에는 어떻게 됩니까?"

"상품의 구매에 관한 계약이 체결된 사실 및 그 시기, 상품의 공급사실 및 그 시기, 상품의 훼손에 대하여 소비자의 책임이 있는 지의 여부 등에 관하여 다툼이 있는 경우에는 통신판매업자가 입증(立證)할 책임을 집니다(전자상거래등에서의소비자보호에관한법률17조).

계약의 체결 여부에 관한 분쟁이 발생한 경우에 통신판매업자는 소비자가 특정상품을 주문했음을 입증할 책임을 집니다. 상품이 공급된 사실 여부에 관한 분쟁이 발생된 경우에는 통신판매업자가 소비자에게 상품을 공급하였다는 것을 입증할 책임을 지게 됩니다. 상품의 훼손에 관한 소비자의 책임 여부에 관하여 분쟁이 발생한 경우 통신판매업자가 소비자에게 책임이 있다는 것을 입증하게 되겠지요.

따라서 우리 회사가 소비자의 잘못으로 상품이 훼손되었다든가 소비자가 일부러 복제가 가능한 CD의 포장을 훼손하였다는 것을 입증하여야 합니다. 입증하지 못한다면 소비자가 청약을 철회할 수 있게 됩니다."

"소비자가 청약을 철회하면 어떻게 됩니까?"

"소비자는 이미 공급받은 물건을 반환하여야 하며, 통신판매업자는 물건을 반환 받은 날부터 3영업일(營業日) 이내에 이미 지급받은 대금을 환급합니다(전자상거래등에서의소비자보호에관한법률18조). 따라서 우리 회사는 소비자로부터 물건을 돌려받는 대신 소비자에게 대금을 돌려주게 되는 거지요."

(2) 간행물의 할인한도제

촉나라인터넷 주식회사는 여러 해 동안 각종 게임을 개발하여 CD로 판매하여 왔다. 장비는 문득 촉나라인터넷 주식회사 사업의 일환으로 여러 해 동안의 경험을 통해 게임개발과 관련된 서적을 저술하여 판매하면 큰 수익을 얻을 수 있다는 생각이 들었다.

장비는 출판계약을 상담하기 위하여 오나라출판 주식회사 업무담당 상무이사 주유(周瑜)를 만나게 되었다. 장비가 주유에게 말하였다.

"책이 완성되면 인터넷을 통해서 판매하되, 그 가격을 대폭 할인하여 판매하게 된다면 1년에 10만 부 정도는 팔 수 있소."

주유는 대답하였다.

"출판 및 인쇄진흥법에 따르면 인터넷을 이용하여 신간 서적을 판매하는 경우에는 정가의 10%의 범위 안에서만 할인하여 판매할 수 있으며(출판및인쇄진흥법22조2항), 정가의 10%를 초과하여 할인판매를 한 자는 300만 원 이하의 과태료를 부과하도록 하고 있소(출판및인쇄진흥법28조1항). 따라서 당신의 제안에는 문제가 있소."

깜작 놀란 장비가 어떻게 하여 그러한 법이 생겼는지를 물어보자 주유는 대답하였다.

"온라인서점들의 서적에 대한 할인판매가 실시되어 온라인서점의 매출액이 급증하게 되자 위기감을 느낀 오프라인서점업계는 도서정가제를 입법화하기 위한 노력을 기울이게 되었으며, 출판 및 인쇄진흥법 중 할인한도(割引限度)를 제한하는 규정이 생겼기 때문이오."

출판에 관한 사항을 잘 알지 못하는 장비는 주유에게 다시 물어보았다.

"왜 온라인서점의 매출이 급증하여 오프라인서점이 위기감을 느끼게 되었소?"

주유는 대답하였다.

"출판사는 책의 원본이 완성되면 인쇄업계에 넘겨 책을 찍어내고, 이 책을 도매상에게 넘기고, 소매서점을 통해 소비자에게 판매하지요. 출판사는 때로는 책을 직접 소매서점에 넘기거나 지역총판을 통해 판매하기도 합니다. 이러한 전통적인 판매의 경우 점포임대료, 직원들의 임금 및 각종 부대비용이 소요되지요.

이에 비하여 인터넷을 통하여 책을 판매하는 경우에는 원칙적으로 점포의 임대료가 들어가지 않고, 적은 수의 직원이 필요할 뿐이며, 각종의 부대비용의 부담이 적습니다. 따라서 온라인서점은 오프라인 서점에 비하여 저렴한 가격으로 책을 판매할 수 있겠지요. 온라인서점들의 서적에 대한 할인판매가 실시되어 온라인서점의 매출액이 급증하게 되었지요. 위기감을 느낀 오프라인서점업계는 도서정가제를 입법화하기 위한 노력을 기울이기 시작했으며, 2002년 8월 출판 및 인쇄진흥법이 제정되어 2003년 2월부터 시행되고 있습니다."

장비가 매우 실망하자 주유는 위로하기 위하여 출판 및 인쇄진흥법 중 할인한도에 관한 규정에 관하여 덧붙여 이야기하였다.

"발행일로부터 1년이 경과한 간행물, 도서관이나 사회복지시설에 판매하는 간행물, 저작권자에게 판매하는 간행물의 경우에는 할인한도의 제한이 없소. 더구나 할인한도에 관한 제한규정은 2008년 2월 27일까지 한시적으로 적용되는 규정이오(출판및인쇄진흥법22조)."

장비가 조금 안색이 밝아지면서 이야기하였다.

"우리 회사에서 만들게 될 책은 장기간 베스트셀러가 될 터이니 1년이 경과한 후에 인터넷

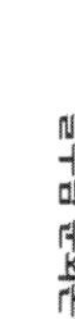

을 통해서 대폭 할인하여 판매하면 되겠구려."

"좋은 책은 할인판매의 여부와는 큰 관계가 없이 잘 팔리고 있으니 많은 사람들에게 감동을 줄 수 있는 책을 만들도록 노력을 하는 것이 제일 좋은 방법인 것 같군요."

(3) 도메인이름

❶ 서

"인터넷이 급속도로 보급되면서 디지털사업의 규모도 급속도로 증가하고 있습니다. 그로 인하여 인터넷주소에 관한 분쟁이 발생되고 있습니다."

"인터넷주소란 무엇입니까?"

"인터넷주소란 인터넷에서 국제표준방식에 의하여 일정한 통신규약에 따라 특정 정보시스템을 식별하여 접근할 수 있도록 하는 숫자·문자·부호 또는 이들의 조합으로 구성되는 정보체계로서 인터넷 프로토콜 주소, 도메인이름 및 그 밖에 인터넷상에서 특정 정보시스템을 식별할 수 있도록 하기 위하여 만들어 진 것을 말합니다(인터넷주소자원에관한법률2조1호)."

"인터넷 프로토콜 주소란 무엇입니까?"

"인터넷 프로토콜(Internet Protocol) 주소란 인터넷상에서 컴퓨터 및 정보통신설비가 인식하도록 만들어진 것을 의미합니다.

특정한 사람의 집 주소를 알면 그 사람 집을 찾아가거나 우편물을 우송할 수 있습니다. 전화번호를 알면 그 사람에게 전화를 할 수 있겠지요. 인터넷에 접속된 컴퓨터가 다른 컴퓨터와 디지털신호를 주고받을 수 있도록 하기 위하여 각자 고유의 식별번호를 갖고 있습니다. 이것을 인터넷 프로토콜 주소 또는 IP주소라고 합니다. 이러한 인터넷 프로토콜 주소를 사람이 기억하기 쉽도록 만들어진 것이 도메인이름(domain name)입니다."

"예를 들면 좋을 것 같군요."

"인터넷에 접속된 호서대학교 공식홈페이지의 컴퓨터의 인터넷 프로토콜 주소는 '134. 75. 122. 14'입니다. 'hoseo.ac.kr'이라는 도메인이름은 인터넷에 접속된 호서대학교 공식홈페이지의 컴퓨터의 IP 주소를 알기 쉽도록 표현한 명칭이므로, 이 도메인이름을 알면 손쉽게 호서대학교의 공식 홈페이지에 접속할 수 있습니다. 도메인이름을 알지 못하는 경우 검색엔진을 이용하여 검색한 후 검색 결과를 토대로 하여 이 학교의 공식 홈페이지에 접속하게 됩니다."

"도메인이름에 관한 분쟁은 왜 발생하는 것입니까?"

"특정한 웹사이트 운영자는 이론상 수천만 명의 고객을 유치할 수 있지만, 현실적으로 고객을 유치하는 것은 어렵습니다. 영리를 목적으로 개설된 매우 많은 웹사이트가 존재하고 있기 때문이지요.

이와 같은 상황을 비유적으로 표현한다면 특정한 하나의 웹사이트는 아마존이라는 거대한 밀림 속에 있는 한 그루 나무에 비유될 수 있습니다. 그 특정한 웹사이트에 접속하려는 자는 수백만 그루의 나무 중에서 한 그루의 나무를 찾아야 하며, 웹사이트의 운영자는 그 한 그루의 나무를 많은 사람들이 찾기 쉽게 알려야 합니다. 웹사이트 운영자는 이론상 수천만 명의 고객을 유치할 수 있지만, 하나의 웹사이트는 거대한 밀림 속에 있는 한 그루 나무와 비슷하

기 때문에 현실적으로 대부분의 웹사이트가 고객을 유치하는 것은 매우 어렵습니다.

웹사이트 운영자는 어떻게 자신의 웹사이트를 홍보하여야 많은 사람들이 웹사이트에 쉽게 접속할 수 있느냐에 대하여 고민하기도 합니다. 웹사이트를 홍보하기 위하여 웹사이트 운영자 중에는 타인의 유명한 상표나 상표를 자신의 도메인이름에 이용하는 경우도 있습니다. 이 경우 도메인이름의 소유자와 상표권자간에 분쟁이 발생됩니다."

❷ 분쟁조정기구

"도메인이름에 관한 분쟁이 발생된 경우 어떻게 해결할 수 있습니까?"

"법원을 통하여 도메인이름에 관한 분쟁을 해결하는 방법과 도메인이름 분쟁조정기구를 통하여 분쟁을 해결하는 방법이 있습니다. 분쟁조정기구를 통한 방법은 신속하고 저렴하게 도메인이름에 관한 분쟁을 해결하는 데 큰 도움이 됩니다."

"우리나라에도 분쟁조정기구가 있습니까?"

"물론이지요.

우리나라에서는 인터넷주소 분쟁조정위원회가 인터넷주소의 등록과 사용에 관한 분쟁을 조정하고 있습니다(인터넷주소자원에관한법률16조)."

"어떻게 분쟁이 조정되는 것입니까?"

"인터넷주소의 등록과 사용에 관련된 분쟁의 조정을 원하는 사람이 분쟁조정위원회에 조정을 신청할 수 있습니다. 조정신청을 받은 분쟁조정위원회는 3인의 위원으로 조정부를 구성합니다(인터넷주소자원에관한법률18조). 판사·검사·변호사의 자격이 있는 자, 법학을 전공하는 대학교수, 지적재산권 업무에 경험이 있는 4급 이상 공무원 그밖에 이와 동등한 자격이 있는 자 중에서 정보통신부장관이 조정위원을 임명합니다(인터넷주소자원에관한법률16조).

조정부는 원칙적으로 60일 이내에 심사하여 조정안을 작성하여야 합니다(인터넷주소자원에관한법률18조). 분쟁조정위원회는 조정을 위하여 필요한 자료의 제공을 분쟁당사자 또는 인터넷주소관리기관 등에게 요청할 수 있으며, 필요하다고 인정하는 경우에는 분쟁당사자 또는 참고인으로 하여금 분쟁조정위원회에 출석하게 하여 그 의견을 들을 수 있습니다(인터넷주소자원에관한법률19조). 분쟁조정위원회가 조정안을 작성한 때에는 지체없이 이를 각 당사자에게 제시하여야 합니다. 조정안을 제시받은 당사자는 그 제시를 받은 날부터 15일 이내에 그 수락 여부를 분쟁조정위원회에 통보하여야 합니다.

양 당사자가 조정안을 수락하고 분쟁조정위원회가 조정서를 작성한 때에는 당사자간에 조정서와 동일한 내용의 합의가 성립된 것으로 보게 됩니다(인터넷주소자원에관한법률20조)."

"만약 당사자 중 일방이 조정안을 수락하지 않으면 어떻게 됩니까?"

"조정절차가 종료됩니다.

불만이 있는 사람은 법원에 소송을 제기하는 방법에 의하여 문제를 해결해야 합니다. 이러한 문제에 대해서는 뒤의 심층분석에서 자세하게 살펴보도록 하겠습니다."

(4) 저작물 · 데이터베이스 · 온라인디지털콘텐츠

❶ 저작물

촉나라인터넷 주식회사는 게임을 개발하여 CD를 제작하는 사업을 해왔다. 이사회에서 사업의 범위를 확장하려는 논의가 진행되었다.

"우리 회사도 정보제공형 전자상거래를 추진할 필요가 있습니다."

조자룡이 제안하였다.

"정보제공형 전자상거래란 무엇인가?"

유비가 물어보았다.

"정보제공형 전자상거래란 소프트웨어의 다운로드란 방식을 이용하여 전자적 정보를 소비자에게 제공하는 전자상거래를 말합니다. 상대적으로 적은 인력과 비용으로서 재고에 대한 부담이 없이 소비자에게 상품을 제공할 수 있습니다. 국경이나 지리적 제약없이 판로개척이 용이하며, 상품이 완성된 이후에는 추가생산 비용이 거의 들지 않는 고부가가치 사업입니다."

"그 중에서도 업종을 특정하여야 될텐데."

"인터넷을 통하여 음악 파일을 제공하는 사업을 하는 것이 좋을 것 같습니다."

유비와 조자룡의 대화를 듣고 있던 제갈공명이 한 마디 한다.

"좋은 사업계획이지만, 주의해야 할 점이 몇 가지 있습니다. 먼저 저작권을 침해하지 않도록 주의하여야 합니다."

그러자 유비가 제갈공명에게 질문한다.

"책이 아닌 음반에 대해서도 저작권이 인정됩니까?"

"그렇습니다.

저작물이란 문학·학술 또는 예술의 범위에 속하는 창작물을 말합니다(저작권법2조). 사람들은 저작물이라고 하면 보통 소설, 시, 논문 등과 같이 글로 되어 있는 어문저작물(語文著作物)을 연상합니다.

그러나 저작권법에서는 음악저작물, 미술저작물, 사진저작물, 영상저작물 등 다양한 저작물을 인정하고 있습니다. 음악저작물이란 소리의 높낮이, 길이, 세기를 통하여 일정한 느낌이나 감정을 창작적으로 표현한 것입니다. 음반은 음악저작물의 일종입니다."

"음반에 대해서는 누가 저작권을 행사할 수 있습니까?"

"음반이 제작되는 과정을 생각해보죠. 음악저작물을 창작한 작곡가가 있으며, 이 저작물을 부른 가수가 있으며, 음반을 제작한 회사가 있겠죠."

"그렇겠지요."

"음악저작물을 창작한 작곡가를 저작자라고 하며(저작권법2조), 저작자는 저작권을 갖게 됩니다. 저작자는 저작물을 복제·공연·방송·전송할 권리 등을 갖습니다(저작권법16조, 17조, 18조, 18조의2등). 저작권은 저작자가 생존하는 동안과 저작자의 사망 후 50년간 존속합니다(저작권법36조)."

"가수와 음반제작자도 저작권을 갖게 됩니까?"

"광의(廣義)의 저작권을 갖게 됩니다.

정확히 이야기하면 가수와 음반제작자에게는 저작권이 아니라 저작인접권이 부여됩니다.”

“저작인접권이란 무엇입니까?”

“저작인접권(著作隣接權)이란 저작권에 인접한 권리라는 의미이지요.

쉽게 생각한다면 우승(優勝)한 선수와 준우승(準優勝)한 선수 정도의 차이로 생각하면 됩니다. 저작권자를 우승한 선수로, 저작인접권자를 준우승한 선수로 생각하시면 될 것 같습니다.”

“그러면 가수에게도 저작권자와 비슷한 권리가 인정되겠네요.”

“그렇습니다. 그런데 저작권법에서는 가수를 실연자라고 합니다.”

“아니! 실연(失戀)을 당한 사람이 노래를 불러야 저작인접권이 인정되다니요?”

“연애에 실패한 사람을 말하는 것이 아닙니다.

저작권법에서 실연(實演)이란 저작물을 연기·무용·연주·가창 그 밖의 예능적 방법으로 표현하는 것을 말하며, 실연자(實演者)란 실연을 하는 자를 의미하게 됩니다. 그래서 가수, 무용수, 연기자 등을 실연자라고 합니다. 실연자는 자신의 실연을 복제할 수 있는 권리를 갖게 됩니다. 실연자는 실연을 한 때부터 저작인접권을 행사할 수 있는데, 실연한 다음 해부터 50년간 그 권리를 행사할 수 있습니다(저작권법70조).”

“그러면 음반제작자에게도 저작권자와 비슷한 권리가 인정되겠네요.”

“음반제작자는 음반을 제작하기 위하여 노력하거나 금전을 투자합니다. 저작권법에서는 음반제작자에게 저작인접권을 부여하고 있습니다. 음반제작자는 음반을 복제하여 배포할 수 있는 권리를 갖습니다. 음반제작자는 음반을 처음 제작한 때부터 저작인접권을 행사할 수 있는

데, 제작한 다음 해부터 50년간 그 권리를 행사할 수 있습니다(저작권법70조).”

"우리 회사가 인터넷을 통하여 음악 파일을 제공하는 사업을 하려면 저작권과 저작인접권을 침해하지 않도록 주의를 기울여야겠네요.”

"그것만으로는 모든 문제가 해결되지는 않습니다.”

"어떤 문제가 또 남아 있는 것입니까?”

"많은 인터넷 이용자들은 MP3(MPEG-1 Layer III) 등을 이용하여 손쉽게 CD나 DVD에 수록된 오디오 방식의 음악파일을 디지털방식으로 압축한 후 P2P(Peer-to-Peer) 네트워크를 통하여 이 파일을 유통시키고 있습니다. 최근에는 음악파일 뿐만 아니라 비디오 등 각종 파일을 공유하는 사람이 들게 되고, P2P 방식도 다양해짐에 따라 저작권에 관한 복잡한 법률문제가 계속되고 있습니다.

우리나라에서는 이러한 저작권의 침해와 관련하여 이른바 소리바다 사건에 관한 소송이 2005년 7월 현재 대법원에 계류되어 있습니다.”

"어떠한 소송인지 궁금하군요.”

"복잡한 문제가 있는 소송입니다. 그 문제에 관해서는 뒤의 심층분석에서 자세하게 살펴보도록 하지요.”

❷ 데이터베이스

"책이나 음반이 아닌 데이터베이스와 디지털콘텐츠도 법에 의하여 보호받을 수 있습니까?”

"그렇습니다.

저작권법에서는 데이터베이스란 소재를 체계적으로 배열 또는 구성한 편집물로서 그 소재를 개별적으로 접근 또는 검색할 수 있도록 한 것이라고 정의하고 있습니다. 데이터베이스를 제작한 자는 물론 데이터베이스의 소재의 갱신·검증 또는 보충에 상당한 투자를 한 자도 데이터베이스제작자와 마찬가지로 보호하고 있습니다(저작권법2조).

"데이터베이스의 제작자는 어떤 권리를 갖게 되는 겁니까?"

"예를 들어 인터넷을 통해서 검색할 수 있는 입찰정보(入札情報) 데이터베이스의 제작자는 당해 데이터베이스를 복제·배포·방송 또는 전송할 권리를 갖게 됩니다. 데이터베이스의 구성부분이 되는 소재 즉 개별적인 입찰정보 자체가 보호되는 것은 아닙니다. 따라서 데이터베이스 제작자의 권리는 개별적인 입찰정보 자체에 대하여는 미치지 않습니다.

그러나 반복적으로 또는 특정한 목적을 위하여 체계적으로 개별적인 입찰정보를 복제함으로써 당해 데이터베이스의 통상적인 이용과 충돌하거나 데이터베이스제작자의 이익을 부당하게 해치는 경우 데이터베이스제작자의 권리를 침해하는 것으로 보고 있습니다(저작권법73조의4)."

"데이터베이스의 제작자도 50년간 권리를 갖게 됩니까?"

"그렇지는 않습니다. 데이터베이스제작자의 권리는 데이터베이스의 제작을 완료한 때부터 발생하며, 그 다음 해부터 기산하여 5년간 존속합니다.

그러나 데이터베이스의 갱신을 위하여 상당한 투자가 이루어진 경우에 당해 부분에 대한 데이터베이스제작자의 권리는 그 갱신을 한 때부터 발생하며, 그 다음 해부터 기산하여 5년간 존속합니다(저작권법73조의6)."

❸ 온라인디지털콘텐츠

"온라인디지털콘텐츠는 온라인디지털콘텐츠 산업발전법에 의하여 보호될 수 있습니다.

이 법에 따르면 디지털콘텐츠란 부호·문자·음성·음향·이미지 또는 영상 등으로 표현된 자료 또는 정보로서 그 보존 및 이용에 있어서 효용을 높일 수 있도록 전자적 형태로 제작 또는 처리된 것을 말합니다. 온라인디지털콘텐츠란 정보통신망에서 이용되는 디지털콘텐츠를 말합니다(온라인디지털콘텐츠산업발전법2조).

온라인디지털콘텐츠 제작자의 영업에 관한 이익은 온라인디지털콘텐츠 산업발전법에 의하여 보호받을 수 있습니다(온라인디지털콘텐츠산업발전법18조). 누구든지 정당한 권한없이 상당한 노력으로 제작하여 표시한 온라인콘텐츠의 상당한 부분을 복제 또는 전송하는 방법으로 경쟁사업자의 영업에 관한 이익을 침해하여서는 안 됩니다. 이러한 제작자의 영업에 관한 이익은 온라인콘텐츠를 최초로 제작하여 표시한 날부터 5년간 보호됩니다.

이러한 금지를 위반하는 행위로 인하여 영업에 관한 이익이 침해되거나 침해될 우려가 있는 자는 그 위반행위의 중지나 예방 및 인한 손해의 배상을 법원에 청구할 수 있습니다(온라인디지털콘텐츠산업발전법19조)."

"저작물이나 데이터베이스에 관한 것은 쉽게 이해가 되는데, 디지털콘텐츠에 관한 것은 잘 이해가 안 되는군요."

"피고회사가 동일한 영업을 하는 원고회사 사이트의 많은 부분을 복제하여 문제가 되었던 사건을 살펴보지요.

　통신판매업을 목적으로 설립된 원고회사는 'http://www.wizwid.com' 사이트를 개설하고 해외 상품 구매대행 서비스를 제공하였습니다. 회원의 주문을 받아 구매를 대행하고 물품을 회원에게 직접 배송하는 서비스를 제공한 것이지요. 원고회사는 해외 쇼핑에 도움을 주기 위하여 'go wiz tour' 항목에서 플래쉬 동영상 서비스를 제공하고, 견적서비스 프로그램 등을 개발하였습니다. 또한 각종 상품의 정보에 관한 원문을 번역하여 회원들에게 제공하였습니다.

　피고회사는 'http://www.saywiz.com' 사이트를 개설한 후 해외상품 구매대행 서비스를 제공하였습니다. 이 회사는 'go wiz tour'를 'Saywiz tour' 등으로 이름만 바꾸어 메뉴박스의 형태와 크기, 세부항목의 내용과 표현방식을 동일하게 모방하였습니다. 또한 의류 등 상품정보 중 제품설명, 전자메일상의 상품의 50% 정도를 그대로 복제하여 게시하였습니다. 심지어 원고회사 직원의 실수로 잘못 작성된 문구나 오타까지 삭제되지 아니한 채 그대로 게시된 경우도 있었습니다."

　"원고회사가 가만히 있지 않았겠네요."

　"그렇습니다. 권리 위에 잠자는 자는 보호받지 못합니다.

　원고회사는 가처분(假處分)을 신청함과 더불어 손해배상을 청구하는 소송을 제기하였습니다."

　"손해를 당했을 테니까 배상을 청구하는 소송을 제기하였겠지요. 그런데 가처분이란 무엇인가요?"

　"당사자간에 다툼이 있는 법률관계에 대한 확정판결(確定判決)이 있기까지 현재의 상황을 그대로 방치한다면 권리자가 현저한 손해를 당하거나 목적을 달성하기 어려운 경우에 잠정적으로 임시의 조치를 신청하는 것입니다.

　원고회사는 이 사건에 관하여 판결이 확정될 때까지 피고회사가 원고회사 사이트를 복제하는 상황을 방치하면 현저한 손해를 당할 염려가 있기 때문에 잠정적으로 복제를 중단시켜 달라는 가처분신청을 한 것입니다.”

　“법원은 어떻게 판결하였습니까?”

　“서울중앙지방법원은 원고회사의 가처분신청을 받아들이는 결정을 하였습니다.[7] 그러자 피고회사가 가처분결정(假處分決定)에 대한 이의를 신청하였습니다.

　“법원은 가처분결정에 대하여 이의를 제기한 사건에서 어떻게 판결하였습니까?”

　“서울중앙지방법원은 2004년 2월 가처분결정을 인가하는 판결을 하였습니다.”[8]

　온라인디지털콘텐츠 산업발전법에서는 디지털로 제작된 정보에 대한 복제권과 전송권을 보호하고 있지요. 피고회사가 복제하여 자신의 사이트에 게시하거나 전자메일을 이용하여 전송한 원고회사의 상품정보는 온라인콘텐츠에 해당됩니다.

　피고회사가 원고회사의 온라인콘텐츠 중 일부를 변경했지만, 변경된 온라인콘텐츠 전체가 새로운 창작인 것은 아닙니다. 변경된 온라인콘텐츠가 새로운 창작으로 인정되지 아니하므로, 피고회사는 온라인디지털콘텐츠 산업발전법을 위반한 것이라고 판결하였습니다.”

　“피고회사는 이러한 판결에 승복(承服)하였습니까?”

　“아니죠. 피고회사는 이 판결에 대하여 서울고등법원에 항소(抗訴)를 제기하였습니다.”

　“서울고등법원은 어떤 내용의 판결을 내렸습니까?”

　“피고회사가 2004년 10월 가처분이의결정에 대한 항소를 취하(取下)하였기 때문에 서울고등법원은 판결을 내리지 않았습니다.”

---

7 서울중앙지법 2003. 8. 19. 선고 2003카합1713 결정.
8 서울중앙지법 2004. 2. 20. 선고 2003카합3544 판결.

"왜 피고회사가 항소를 포기했나요?"

"손해배상사건을 처리한 법원에서 피고회사가 3천만 원의 손해배상을 하도록 강제조정을 하였습니다. 양당사자는 이러한 강제조정에 대하여 승복하였고, 피고회사가 항소를 취하하였습니다."

(5) 전자어음

❶ 서

"우리 물건을 취급하고 있는 도매상이 앞으로는 거래대금을 전자어음으로 결제할 계획이라고 합니다. 전자어음이란 무엇이지요?"

"전자어음이란 전자문서로 작성되고 전자어음관리기관에 등록된 약속어음을 말하며, 전자어음관리기관이란 법령에 의하여 법무부장관의 지정을 받은 기관을 말합니다(전자어음의발행및유통에관한법률2조). 현재 금융결제원이 전자어음관리기관으로 지정되었습니다.

전자어음에는 ① 증권의 본문 중에 그 증권의 작성에 사용하는 국어로 약속어음임을 표시하는 문자, ② 일정한 금액을 지급할 뜻의 무조건의 약속, ③ 만기의 표시, ④ 지급을 받을 자 또는 지급을 받을 자를 지시할 자의 명칭, ⑤ 발행일과 발행지, ⑥ 전자어음의 지급을 청구할 금융기관, ⑦ 전자어음의 동일성을 표시하는 정보, ⑧ 사업자고유정보가 기재되어야 합니다(전자어음의발행및유통에관한법률6조). 사업자고유정보란 전자어음과 관련된 당사자의 상호나 사업자등록번호, 회원번호, 법인등록번호 또는 주민등록번호 등 사업자를 식별할 수 있는 정보를 말합니다(전자어음의발행및유통에관한법률2조). 이러한 사항이 기재된 전자어음에 발행인이 공인전자서명을 하여 전자어음을 발행하게 됩니다.

어음법상 약속어음의 기재사항과 상당한 부분이 중복되어 있습니다. 그러나 정보통신망을 통하여 전자어음이 유통되고 지급될 수 있도록 몇 가지 사항이 첨가되어 있지요."

❷ 종이어음과 전자어음의 차이

"종이어음과 전자어음은 어떠한 차이가 있는 것입니까?"

"먼저 어음을 발행하려는 과정을 생각해보지요.

"전자어음을 발행하려는 자는 먼저 거래은행과 당좌약정을 체결하여야 합니다. 전자어음관리기관인 금융결제원에 사용자등록을 한 후 전자어음을 발행할 수 있습니다.

그러나 종이어음을 발행하려는 자는 은행과 거래약정을 체결하거나 금융결제원에 등록하지 아니하고도 어음을 발행할 수 있습니다."

"우리 회사는 은행과 거래약정을 체결한 후 어음을 발행하고 있습니다. 은행과 거래약정없이도 어음을 발행할 수 있습니까?"

"그렇습니다.

종이어음은 은행도어음 또는 문방구어음으로 구별됩니다. 은행도(銀行渡)어음이란 은행이 인쇄한 어음용지를 이용하여 발행하는 어음입니다. 약속어음의 발행인이 어음거래약정에 따라서 은행을 지급담당자로 하여 어음을 발행하는 경우 은행이 교부하는 인쇄된 어음용지를 사용하게 되는 바, 이를 통상 은행도어음이라고 합니다. 그러니까 우리 회사가 발행하는 어음은 은행도어음입니다.

이에 비하여 문방구에서 판매하는 어음용지를 이용하여 발행한 어음을 속칭(俗稱) 문방구어음이라고 합니다. 문방구어음의 경우 통상 발행인의 주소나 영업소가 지급장소가 됩니다. 은행과 어음거래약정 없이 개인적으로 어음을 발행한다는 사실 자체가 발행인의 신용상태가 양호하지 못하다는 의미를 갖게 됩니다. 그러나 문방구어음의 경우에도 어음으로서의 법적 효력을 갖는 것은 은행도어음과 동일합니다.”

“전자어음을 이용하려는 사람은 거래은행과 당좌약정을 체결하고, 금융결제원에 사용자등록을 해야 한다는 점에서 종이어음을 이용하는 사람과 차이가 있네요.”

“그렇습니다.

사람들이 서로 만나 종이어음을 발행하고 그 어음에 배서하지만, 전자어음은 정보통신망을 통하여 발행·배서·지급이 이루어지기 때문입니다. 발행, 배서와 같은 어음행위와 지급을 위한 제시가 전자적으로 이루어지므로, 전자어음의 발행 및 유통에 관한 법률에서는 이에 관한 규정을 두고 있습니다.

현행 어음법은 종이어음이 유통된 후 현금으로 지급되는 관계를 규율하기 위한 법입니다. 따라서 전자적으로 유통된 후 지급되는 전자어음에 관한 관계를 규율하기에는 적합하지 못한 점이 있습니다. 디지털 환경에 적합한 결제수단으로 전자어음을 사용할 수 있도록 하기 위하여 전자어음의 발행 및 유통에 관한 법률을 제정하였습니다. 이 법률은 2005년 1월부터 시행되고 있습니다.”

❸ 어음법의 적용

"종이어음에 대한 법률관계를 규율하는 어음법은 전자어음에 대해서는 적용되지는 않겠네요."

"그런 것은 아닙니다.

전자어음에 특유한 사항을 제외하고는 전자어음에 대하여도 종이어음에 관한 법리가 적용됩니다. 따라서 전자어음의 발행 및 유통에 관한 법률에 규정이 있는 경우를 제외하고는 전자어음에 대하여도 어음법을 적용하게 됩니다(전자어음의발행및유통에관한법률4조)."

"좀 이해하기가 어렵습니다.

전자어음에 관해서 왜 종이어음에 대한 법률관계를 규율하는 어음법이 적용됩니까?"

"그냥 쉽게 생각하시면 될 것 같습니다.

많은 상인들이 종이어음을 이용하여 거래를 하였습니다. 이에 대한 법률관계를 규율하기 위하여 어음법이 제정된 것입니다. 현재에도 많은 상인들이 종이어음을 이용하여 거래하고 있으며, 이에 대한 법률관계에 대해서는 어음법이 적용됩니다.

이제는 종이어음은 물론 전자어음을 이용하여 거래할 수 있게 되었습니다. 사람들이 서로 만나 종이어음을 주고 받게 되지만, 사람들이 서로 만나지 않고 전산망을 통하여 전자어음이 유통되는 것입니다. 전자어음이 전산망을 통하여 유통되고 지급되는 관계에 대하여 전자어음의 발행 및 유통에 관한 법률이 적용됩니다.

그러나 전자어음이건 종이어음이건 어음이라는 점에서 동일합니다. 그래서 전자어음의 발행 및 유통에 관한 법률에 전자어음에 관련된 규정이 없는 경우에는 어음법을 적용하게 됩니다.”

“전자어음에 대하여 어음법이 적용되는 예를 들어 주겠습니까?”

“어떤 사람이 약속어음을 할인하여 주겠다는 수취인의 거짓말에 속아 전자어음을 발행하고, 수취인이 그 전자어음에 배서하여 사기에 의해 발행된 전자어음이란 것을 알지 못하는 우리 회사에 어음을 양도한 경우를 생각해보지요. 이 경우 우리 회사는 어음법상 인적항변의 절단(切斷)에 관한 규정에 의하여 보호받을 수 있습니다(어음법제17조).”

“인적항변이란 것이 무엇입니까?”

“인적항변(人的抗辯)이란 인적으로 대항할 수 있는 항변입니다. 어음채무자가 특정한 어음소지인에게 대항할 수 있는 항변을 말합니다.

이 사례에서는 전자어음의 수취인이 어음금의 지급을 청구하는 경우 전자어음의 발행인이 수취인에게 사기에 의해서 발행된 어음이므로, 어음금을 지급할 수 없다고 대항할 수 있는 항변을 말합니다.

그러나 전자어음의 발행인이 수취인에게 대항할 수 있었던 인적항변이 절단되므로, 우리 회사에게는 대항할 수 없습니다. 설령 사기를 당하여 전자어음을 발행하였다 하더라도 우리 회사에게는 어음금을 지급할 법적 책임이 있다는 말입니다.”

(6) 전자게시판 운영자의 주의의무

❶ 서

강유는 촉나라인터넷 주식회사의 홈페이지를 담당하고 있다.

"제갈(諸葛) 이사님, 우리 회사의 전자게시판에 간혹 타인을 욕하는 글이 게재되곤 합니다. 그냥 놔두어도 됩니까?"

"그렇지 않습니다.

전자게시판에 타인의 명예를 훼손하는 글이 게재된 때 전자게시판의 운영자가 게시물을 삭제할 의무가 있는 경우에는 그 글을 삭제하여야 하지요. 만약 정당한 사유 없이 의무를 이행하지 아니하고 방치한다면 명예훼손으로 인한 손해배상책임을 부담합니다."

"그럼 어느 정도 주의를 해야 되는 겁니까?"

❷ 판례

① 사실관계

"전자게시판에 명예훼손에 관한 글이 게재되어 원고가 게시판의 운영자인 경상북도 청도군(淸道郡)을 상대로 하여 손해배상을 청구한 사례를 살펴보도록 하지요."

"경상북도 청도군이 피고가 될 수 있습니까?"

"그렇습니다.

경상북도 청도군은 지방자치단체입니다. 지방자치단체(地方自治團體)란 법률에 근거하여 일정한 지방(地方)에 대한 자치권(自治權)을 부여받은 단체(團體)이지요. 지방자치법에 따르면 지방자치단체는 법인입니다(지방자치법3조1항). 법에 의하여 인격이 인정되니까 당연히 소송의 당사자가 될 수 있습니다.”

“어떤 일이 있었는지 궁금하군요.”

“2001년 4월 23일 경상북도 청도군이 운영하는 인터넷 홈페이지의 방명록 란에 원고의 공직생활 중 성추행사건, 의성 부군수 재직시 금품수수에 관한 내용의 글이 게시되었으며, 2001년 4월 24일 관련된 경북일보, 매일신문, 한겨레신문의 보도내용이 게시되었습니다.

원고는 2001년 4월 24일 성추행 의혹 및 금품수수 의혹이 사실이 아님을 해명하는 내용의 글을 게시하였으며, 2001년 4월 27일 허위의 사실을 일방적으로 게재한 이상 그 책임을 면하기 어려울 것이라는 내용의 경고의 글을 게시하였으며, 2001년 5월 7일 개인 사생활에 대한 명예훼손적인 글에 대한 삭제를 요구하는 내용의 글을 게시하였습니다.”

“경상북도 청도군은 언제 명예훼손에 관한 글이 게시된 것을 알았습니까?”

“경상북도 청도군 전산관리담당직원은 2001년 4월 23일 전자게시판에 명예훼손에 관한 글이 게재된 것을 발견하고 그 날 총무과장에게 보고하였습니다. 따라서 홈페이지의 운영자가 전자게시판에 명예를 훼손하는 글이 게시되었다는 것을 알았거나 알 수 있었던 시점은 2001년 4월 23일입니다.”

“경상북도 청도군은 바로 명예훼손에 관한 글을 삭제하였나요?”

“그건 아닙니다.

원고는 경상북도 청도군 앞으로 명예훼손적인 글을 삭제해 줄 것을 내용증명으로 요구하였으며, 이 내용증명을 경상북도 청도군이 수령한 날은 2001년 6월 12일이었습니다. 군수의 결제를 받아 그 다음날 오전에 명예훼손에 관련된 모든 게시물을 삭제하였습니다.

"내용증명이란 무엇인가요?"

"내용증명(內容證明)이란 우편물을 발송하는 자가 우편물을 수취하는 자에게 보내는 내용(內容)을 우체국이라는 공공기관을 통해 공적으로 증명(證明)해주는 등기우편제도입니다."

"그냥 편지에 글을 써서 보내는 보통우편과는 차이가 있습니까?"

"그렇습니다.

만약 어떤 사람에게 편지를 써서 보통우편으로 보낸다고 합시다. 발송인이 언제 어떤 내용의 편지를 보냈는지를 입증할 수 없겠지요. 꾼 돈을 빨리 갚으라는 내용인지, 사랑하니까 만나자는 내용인지를 입증할 수는 없겠지요.

내용증명을 통하여 우편물을 우송하는 경우 같은 내용의 문서를 3통을 작성하여 우체국에서 인장을 날인받게 됩니다. 1통은 우체국이 보관하고, 1통은 발송인이 보관하고, 나머지 1통을 수취인에게 등기로 우송합니다. 언제 어떠한 내용의 글을 발송인이 수취인에게 보냈는지를 증명할 수 있게 됩니다.

이 사건에서 원고가 내용증명을 통하여 게시물의 삭제를 공식적으로 요청하자 경상북도 청도군은 즉시 그 게시물을 삭제하였습니다.

그러나 홈페이지의 운영자가 전자게시판에 명예를 훼손하는 글이 게시되었다는 것을 알았거나 알 수 있었던 날로부터 약 52일 가량이 지난 2001년 6월 13일 명예훼손에 관한 글이 삭제되었습니다."

② 원심법원의 판결

"그렇다면 경상북도 청도군은 전자게시판 관리자의 주의의무를 이행하지 아니하였기 때문에 손해를 배상했겠네요."

"원심법원은 그런 판결을 내렸습니다.[9]

경상북도 청도군은 명예훼손적인 글들이 게시판에 게시된 것을 알았거나 충분히 알 수 있었음에도 불구하고 이 글들을 즉시 삭제하거나 원고와 그 글들의 처리에 대한 의논을 하는 등 적절한 조치를 취하지 아니하고, 약 52일 가량 그 글들을 그대로 방치하여 두었다. 이로 인하여 원고는 상당한 정신적 고통을 당했으므로, 경상북도 청도군은 원고에게 전자게시판 관리의무위반 행위로 인한 손해배상책임을 진다고 판결하였습니다."

③ 대법원의 판결

"그럼 대법원은 다른 취지의 판결을 내렸습니까?"

"그렇습니다.

대법원의 판결을 살펴보도록 하지요.[10]

먼저 대법원은 일반적인 법리(法理)에 대하여 언급하고 있습니다. 대법원에 따르면 전자게시판에 타인의 명예를 훼손하는 내용이 게재된 때 전자게시판의 운영자가 게시물을 삭제할 의무가 있음에도 정당한 사유 없이 의무를 이행하지 아니하고 방치하였을 경우 명예훼손으로 인한 손해배상책임을 부담합니다.

게시의 목적, 내용, 게시기간과 방법, 그로 인한 피해의 정도, 게시자와 피해자의 관계, 반

---

9 대구지법 2002.11.13. 선고 2002나9163 판결.
10 대법원 2003.6.27. 선고 2002다72194 판결.

론 또는 삭제 요구의 유무 등 게시에 관련한 쌍방의 대응태도, 당해 사이트의 성격 및 규모·영리 목적의 유무, 개방정도, 삭제의 경제적·기술적 난이도, 운영자가 게시물의 내용을 알았거나 알 수 있었던 시점 등을 종합하여 운영자에게 삭제의무(削除義務)가 있는 지를 판단하여야 합니다.

특별한 사정이 없다면 단지 홈페이지 운영자가 제공하는 게시판에 다른 사람에 의하여 제3자의 명예를 훼손하는 글이 게시되고, 그 운영자가 이를 알았거나 알 수 있었다는 사정만으로 항상 운영자가 그 글을 즉시 삭제할 의무를 부담하지는 않는다는 것입니다."

"그럼 대법원은 이 사건에 대하여 어떻게 판결한 것입니까?"

"대법원은 전자게시판의 관리자인 경상북도 청도군이 원고의 명예를 훼손하는 글이 전자게시판에 게시되었다는 사실을 알았거나 알 수 있었음에도 이 글을 즉시 삭제하지 아니하였다는 사정에 치중하여 경상북도 청도군에게 손해배상책임을 부과한 원심법원의 심리가 미흡하다고 판결하였습니다.

경상북도 청도군의 사이트가 비영리(非營利) 사이트라는 점, 원고가 게시물의 삭제를 공식적으로 요청하자 즉시 그 게시물을 삭제하였다는 점 등을 고려하여 경상북도 청도군에게 손해배상책임이 있는 가를 판단했었어야 한다는 것입니다.

"대법원은 경상북도 청도군에 손해를 배상할 책임이 없다고 판결한 것입니까?"

"대법원이 그렇게 단정한 것은 아닙니다.

원심법원의 심리가 미흡했기 때문에 사건을 다시 심리하여 판단하라고 사건을 원심법원에 환송(還送)한 것입니다. 원심법원에서 이 사건에 대하여 종합적으로 다시 판단하라는 것입니다.

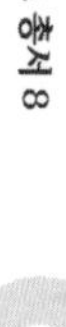

원심법원은 경상북도 청도군의 사이트가 비영리 사이트라는 점, 원고가 게시물의 삭제를 공식적으로 요청하자 즉시 그 게시물을 삭제하였다는 점 등을 고려하여 다시 경상북도 청도군에게 손해배상책임이 있는가를 판단하라는 이야기가 됩니다."

전자게시판 운영자인 경상북도 청도군의 주의의무에 관한 판결

원심법원의 판결	대법원의 판결
명예를 훼손하는 글이 게시된 것을 알았거나 알 수 있었지만, 52일 가량 이 글을 방치한 경우 전자게시판 관리의무를 위반한 것입니다.	여러 가지 사정을 종합하여 운영자에게 삭제의무가 있는 지를 판단하여야 합니다. 특별한 사정이 없다면, 운영자가 명예를 훼손하는 글이 게시된 것을 알았거나 알 수 있었다는 사정만으로는 그 글을 즉시 삭제할 의무를 부담하지 않습니다.

"대법원은 경상북도 청도군의 손해배상책임을 부정하는 근거 중의 하나로서 경상북도 청도군의 사이트가 비영리 사이트라는 점을 들고 있습니다. 그런데 단순히 비영리사이트라고 하여 책임을 부인하는 근거가 된다는 것은 납득하기가 어렵군요."

"개인이 취미로 개설한 사이트, 지방자치단체가 홍보용으로 개설한 사이트 등 다양한 비영리사이트가 있지요.

지방자치단체는 행정관리 등에 관한 사무, 주민의 복리증진에 관한 사무, 산업진흥에 관한 사무 등 다양한 사무를 처리하게 됩니다(지방자치법9조). 지방자치단체는 조직 및 운영의 합리화를 위하여 노력하여야 하며(지방자치법8조2항), 사무를 처리함에 있어서 주민의 편의 및 복리증진을 위하여 노력할 의무가 있습니다(지방자치법8조1항). 이러한 의무가 있는 지방자치단체가 단지 비영리 목적의 단체라는 이유로 손해배상책임을 부인하는 근거가 된다는 점이 의아하기는 하군요."

(7) 영업방법특허

❶ 서

"우리는 통상 특허권이라고 하면 기계에 관한 특허권을 연상하게 됩니다. 그런데 최근에는 다양한 종류의 특허가 인정된다면서요?"

"그렇습니다.

우리나라의 특허청은 이른바 BM 특허에 대한 출원도 인정하고 있습니다. BM이란 용어는 business method 또는 business model을 간략하게 줄인 용어입니다. BM 특허란 용어는 영업방법특허, 비즈니스 모델 특허, 비즈니스 방법 특허 등 다양하게 번역되고 있습니다. 특허청에 따르면 영업방법특허(營業方法特許)란 컴퓨터 및 네트워크 등의 통신기술과 사업 아이디어가 결합된 영업 방법 발명에 대한 특허를 말합니다.

특허청에서는 영업방법특허에 관한 출원을 인정하고 있지만, 이러한 특허를 인정하는 것이 타당하냐에 대해서는 아직도 논란이 있습니다. 어떤 사람은 영업방법에 관한 특허를 인정함으로써 더욱 우수한 영업방법이 개발되어 인터넷상의 정보화 고속도로를 통하여 영업하는 상인들은 보다 더 신속하고 다양한 서비스를 인터넷 이용자들에게 제공하고 그로 인하여 산업이 한층 새롭게 발전할 것이라고 합니다.

그러나 지나치게 광범위한 특허권이 인정되어 인터넷상의 정보화고속도로가 약간 빨리 영업방법에 대한 특허권을 취득한 자에게 요금을 징수당하는 요금징수소로 가득 차서 교통체증

만을 유발하는 도로로 전락될 것이라고 이야기하는 사람도 있습니다."

❷ 미국법원의 판결

"어떻게 해서 특허청이 영업방법에 관한 특허를 인정하게 된 것입니까?"

"1998년 7월 미국 연방항소법원(United States Court of Appeals for the Federal Circuit)이 스테이트 스트리트 은행사건(State Street Bank & Trust Co. v. Signature Financial Group, Inc.)에서 영업방법에 대하여 특허권을 인정하는 판결을 내렸습니다.[11] 이 판결은 미국 뿐만 아니라 한국, 유럽, 일본 등에 커다란 영향을 미치게 되었습니다. 특허청이 영업방법특허를 인정한 중요한 이유는 이 판결의 영향이라고 할 수 있습니다."

"어떤 판결이래서 세계적으로 커다란 영향을 미치게 되었습니까?"

"이 소송에서 분쟁의 대상이 된 것은 뮤추얼 펀드(mutual fund)의 투자를 관리하기 위하여 개발된 자료 처리 시스템, 즉 컴퓨터에 의하여 뮤추얼 펀드의 투자를 관리하는 회계처리 시스템에 대한 특허였습니다.

이 시스템은 허브 앤드 스포크(Hurb and Spoke)라고 불리었지요. 이 시스템에서 뮤추얼 펀드들은 스포크로 비유되며, 파트너 쉽(partnership)으로 조직된 포트폴리오(portfolio)는 허브로 비유됩니다. 이 시스템은 뮤추얼 펀드들이 자산을 포트폴리오에 출자하여 운영하는 방법에 관한 시스템입니다.

연방항소법원(聯邦抗訴法院)은 수학적 알고리즘(algorism) 그 자체만을 청구한 경우에는 특허의 대상이 되지 아니하지만, 수학적 알고리즘이 유용하고 구체적이며 유형적인 결과를 가져

---

11 149 F. 3d 1368. (Fed. Cir. 1998).

온다면 특허의 대상이 된다고 판단하였습니다. 즉 유용하고 구체적이며 유형적인 결과를 산출하는 일련의 데이터도 특허의 대상에 포함되므로 가격, 이윤, 백분율, 비용 또는 손실과 같은 숫자로 표현되어 있다 하더라도 특허의 대상이 된다고 판단하였습니다. 연방항소법원은 영업방법도 특허의 대상이 될 수 있다는 것을 명확하게 함으로써 특허권이 금융, 회계, 오락 등 여러 사업 분야의 발명까지도 인정될 수 있다고 판결하였습니다.

미국 연방대법원(聯邦大法院)이 1999년 1월 위 판결에 대한 상고신청을 기각함으로써 연방항소법원의 판결이 확정되었습니다."

❸ 우리나라 법원의 판결

"우리나라의 특허법에는 영업방법특허에 관한 규정이 없습니까?"

"특허법에는 영업방법특허를 허용하거나 제한하는 구체적인 규정은 없습니다. 관련된 규정으로는 특허법 제2조와 제29조 등을 들 수 있습니다. 특허법 제2조 제1호에 따르면 발명이라 함은 자연법칙을 이용한 기술적 사상의 창작으로서 고도한 것을 말하며, 같은 법 제29조에 따르면 산업상 이용할 수 있는 발명으로서 신규성과 진보성이 있어야 특허를 받을 수 있습니다. 이러한 법규정에 따르면 특허대상이 되는 것은 산업상 이용할 수 있는 발명으로서 자연법칙을 이용한 고도의 기술적 사상의 창작 중 신규성과 진보성이 있는 것이라고 할 수 있습니다."

"영업방법에 관한 발명이 자연법칙을 이용한 발명이 될 수 있습니까?"

"자연법칙의 의미를 어떻게 해석하느냐는 문제입니다.

자연법칙(自然法則)이란 자연계의 사실과 일치하는 법칙으로서 어떤 사실을 그 사실이 존재하는 대로 이러이러하다고 묘사하므로 존재의 법칙이라고 표현하기도 하며, 자연현상에 대한 설명이므로 설명적 법칙이라고도 합니다. 천문지리학, 물리나 화학의 법칙 등이 자연법칙에 포함되며, 만유인력의 법칙, 질량불변의 법칙 등을 그 예로 들 수 있죠.

자연법칙의 의미를 이와 같이 해석한다면 수학적 법칙을 이용한 발명 또는 영업방법에 관한 발명도 자연법칙을 이용한 발명에 포함될 수 있습니다.”

“그렇다면 영업방법에 관한 발명에 대하여 특허권을 인정해야 할 것 같네요.”

“진보성(進步性)에 관한 문제를 살펴볼 필요가 있습니다. 특허법에 의하면 특허출원 전에 그 발명이 속하는 기술분야에서 통상의 지식을 가진 자가 용이하게 발명할 수 있는 것은 진보성의 결여로 특허를 받을 수 없게 됩니다.

영업방법특허에 관한 판례는 아니지만 대법원은 진보성의 기준을 다음과 같이 제시하고 있습니다. 진보성이 인정되기 위해서는 특허등록된 기술이 선행기술(先行技術)에 비하여 현저하게 향상 진보된 것인 때라야만 기술의 진보발전을 도모하고자 하는 특허제도의 목적에 비추어 그 발명의 진보성을 인정할 수 있다고 합니다.”[12]

“우리나라에서는 영업방법특허와 관련된 분쟁은 없었습니까?”

“있었습니다.

삼성전자가 등록한 인터넷상에서의 원격교육방법 및 그 장치에 관한 특허분쟁을 들 수 있습니다. 삼성전자는 1996년 10월 인터넷상에서의 원격교육방법 및 그 장치에 관한 특허를 출원하였습니다. 심사관들이 출원된 특허의 등록 여부에 대하여 심사하게 됩니다(특허법57조). 심사관들이 특허의 등록을 인정하게 되어 1999년 1월 그에 관한 특허권이 등록되었습니다(특

12 대법원 1993.2.12. 선고 92다40563 판결.

허등록191329호발명). 이러한 특허권이 등록되었다는 것은 인터넷을 통하여 교육하는 방법에 관한 특허를 인정하였다는 점에서 주목할 만합니다."

"삼성전자에게 특허권이 인정된다는 것은 어떤 의미가 있습니까?"

"인터넷을 통하여 교육서비스를 제공하려 한다고 가정해보지요. 사이트에 접속한 사람에게 학습내용을 제공한 후 시험을 보게 하며 그에 관한 데이터를 저장하고 전송하려고 합니다. 이 경우 삼성전자에게 인터넷상에서의 원격교육방법 및 그 장치에 관한 특허권이 있으므로, 특허의 사용료를 지급하거나 이러한 영업방법을 단념하여야 합니다. 이러한 영업방법을 단념한다면 소비자에게 다양한 선택의 기회를 박탈하는 결과가 초래되며, 특허의 사용료를 지급하게 된다면 소비자가 사업자에게 지급하는 비용에 특허의 사용료가 포함될 것이므로, 소비자의 지출을 증가시키게 됩니다."

"어쨌든 삼성전자가 특허권을 갖고 있으니 사용료를 지급해야 되는 것 아닌가요?"

"2000년 3월 진보네트워크센터가 인터넷상에서의 원격교육방법 및 그 장치에 대한 무효심판을 청구했습니다. 특허권에 관한 무효심판이 청구되는 경우 심판관들로 구성된 특허심판원에서 심판을 하게 됩니다(특허법146조).

2000년 12월 특허심판원은 진보네트워크센터의 무효심판청구를 기각하였습니다. 특허심판원은 인터넷상에서의 원격교육방법 및 그 장치에 대한 무효심판심결문에서 이건 발명은 산업상 이용할 수 있는 것임과 동시에 자연법칙을 이용한 발명이므로 무효가 아니라고 심결하였습니다.[13] 이 심결문에는 인터넷상에서의 원격교육방법 및 그 장치가 특허법상 진보성을 갖추고 있느냐에 대하여 구체적으로 언급하는 바가 없었습니다."

---

[13] 특허심판원 제11부 심결, 심판번호 2000당343.

"진보네트워크센터는 승복하였습니까?"

"아닙니다.

특허심판원의 심결에 대해서는 특허법원에 항소를 제기할 수 있습니다(특허법186조). 진보네트워크센터는 특허법원에 항소를 제기하였지요. 특허법원은 2002년 12월 이 사건 발명은 자연법칙을 이용한 발명으로서 산업상 이용가능성이 있지만, 진보성이 없으므로 무효라고 판결하였습니다."[14]

"진보성이 없으므로 무효라는 특허법원의 판결은 타당합니까?"

"삼성전자가 특허등록한 인터넷 교육방법·장치의 효과가 선행기술의 작용효과에 비하여 현저하게 향상 진보된 것인 때라야만 그 발명의 진보성을 인정할 수 있습니다. 특허법원의 판결에서 언급하는 것처럼 인터넷상에서의 원격교육방법 및 그 장치에 관한 발명의 출원 전에 이 발명이 속하는 기술 분야에서 통상의 지식을 가진 자가 주지·관용의 기술 등으로부터 극히 용이하게 이러한 발명을 할 수 있었다면 진보성이 없으므로, 무효가 되는 것이 타당하지요."

인터넷상에서의 원격교육방법 및 그 장치에 대한 판결

특허심판원의 심결	특허법원의 판결
산업상 이용할 수 있는 것임과 동시에 자연법칙을 이용한 발명이므로, 무효가 아니다.	자연법칙을 이용한 발명으로서 산업상 이용가능성이 있지만, 진보성이 없으므로 무효이다.

"삼성전자가 이에 대하여 상고를 제기하였는지요?"

"삼성전자가 대법원 상고를 포기함으로써 특허법원의 판결이 확정되었습니다."

14 특허법원 2002. 12. 18. 선고 2001허942 판결.

(8) 인터넷 도박장 개설

유비는 촉나라인터넷 주식회사의 영업실적이 나빠 고민하고 있었다. 위연(魏然)이 유비에게 제안한다.

"촉나라인터넷 주식회사가 인터넷을 통하여 고스톱 대회를 개최하는 것이 좋을 것 같습니다. 많은 사람들이 촉나라인터넷 주식회사의 웹사이트에 접속하게 되어 우리 회사를 홍보하는 효과가 클 것입니다."

유비는 제갈공명에게 고스톱 대회를 개최하는 방안이 적법(適法)한지를 물어본다.

"위연이 홍보하기 위하여 우리 회사 사이트에서 고스톱대회를 개최하자고 합니다. 이 제안에 대하여 어떻게 생각하시는지요?"

"곤란합니다. 형법에 위배되어 처벌받을 수 있습니다.

형법에 따르면 영리의 목적으로 도박을 개장한 자는 3년 이하의 징역 또는 2천만 원 이하의 벌금이란 처벌을 받게 됩니다(형법247조). 따라서 영리를 위하여 도박을 개장한 자는 도박개장죄(賭博開場罪)에 해당되어 처벌을 받을 수 있습니다."

"위연의 제안은 우리 회사를 홍보하자는 것이지요. 영리의 목적으로 고스톱 대회를 개최하자는 것이 아닙니다."

"그러면 도박개장죄에 관한 대법원의 판결을 살펴보도록 하지요.[15]

어떤 주식회사가 운영하는 인터넷 고스톱게임 사이트를 유료로 전환하는 과정에서 사이트를 홍보하기 위하여 고스톱 대회를 개최하게 되었습니다. 대회에는 129명이 참가하였고, 참

---

[15] 대법원 2002. 4. 12. 선고 2001도5802 판결.

가자들은 1인당 3만 원씩 합계 387만 원을 회사에 송금하였습니다. 회사는 대회 참가자들로부터 387만 원의 수입을 얻는 데 비하여, 대회 입상자에 대한 상금으로 420만 원을 지급하였습니다. 이 회사가 고스톱대회를 개최하게 된 이유는 인터넷 사이트를 유료로 전환하는 과정에서 홍보를 하기 위한 것이었으며, 고스톱대회를 개최한 결과 이득을 보지 못하고 오히려 손해를 당하게 되었습니다.

'도박'이란 재물을 걸고 우연한 승부에 의하여 재물의 득실(得失)을 다투는 것을 의미합니다. 고스톱대회에 참가한 사람들이 도박을 한 것입니까?"

"도박을 한 것이라고 생각되는군요."

"그렇습니다.

대법원도 참가자들의 참가비가 상금의 중요한 원천이며, 우연한 승부에 의하여 좌우되는 고스톱에 의하여 상금을 타게 된다는 점에 비추어, 참가자들의 고스톱대회 참여는 재물을 걸고 우연한 승부에 의하여 재물의 득실을 다투는 '도박'이라고 판결하였습니다.

그러면 영리의 목적으로 고스톱 대회를 개최한 것인가요?"

"영리의 목적으로 대회를 개최한 것은 아니라고 생각되는군요. 사이트를 홍보하기 위하여 고스톱대회를 개최한 것이고, 더구나 이득을 얻지 못하고 손해를 당했으니까요."

"대법원에 따르면 '영리의 목적'이란 도박개장의 대가로 불법한 재산상의 이익을 얻으려는 목적을 말합니다. 도박개장의 직접적 대가가 아니라 도박개장을 통하여 간접적으로 이익을 얻으려는 목적이 있는 경우에도 영리의 목적이 인정된다고 합니다. 또한 이러한 목적이 있다면 현실적으로 손해를 당했다 하더라도 영리의 목적이 있다고 합니다.

대법원은 장차 유료로 전환하게 될 인터넷 사이트를 홍보함으로써 궁극적으로는 사이트의 유료 수입을 극대화하려는 목적으로 고스톱대회를 개최하였기 때문에 '영리의 목적'이 인정된다고 판결하였습니다."

"그러면 도박개장죄가 성립되는 것인가요?"

"그렇습니다.

대법원에 따르면 영리의 목적으로 스스로 주재자가 되어 도박장소를 개설함으로써 도박개장죄가 성립됩니다. 사이트를 홍보하기 위하여 고스톱대회를 개최하였다 하더라도 참가비를 받고 입상자들에게 상금을 지급한 경우 도박개장죄가 성립될 수 있다고 합니다."

(9) 링크와 음란성

❶ 서

위연이 오랜만에 유비를 만나 제안한다.

"촉나라인터넷 주식회사의 웹페이지를 통하여 음란사이트로 연결시키는 방안을 제안하려고 합니다. 성(性)에 대해서는 많은 사람들이 관심을 갖고 있으므로, 많은 사람들이 촉나라인터넷 주식회사의 웹사이트에 접속하게 될 것입니다."

"그러면 법에 의하여 처벌받지 않겠습니까?

지난 번 인터넷을 통하여 고스톱 대회를 개최하자는 제안은 법에 의해 처벌받을 수 있는 것이었지요.”

“지난 번 제안에 대해서는 죄송합니다.

그래서 이번에는 나름대로 전문가의 자문을 얻었습니다. 그 이야기를 들어보시지요.”

❷ 원심법원의 판결

“달기라는 사람이 팬티신문이라는 웹사이트를 운영하면서 자신의 웹사이트에 접속하는 사람들이 많아야 많은 광고료를 받을 수 있다고 생각했습니다. 그래서 초기화면의 좌측 하단에 ‘관련 사이트’ 항목을 만든 다음, 거기에다가 ‘free photo’, ‘nippon’, ‘sixnine 주식회사’, ‘섹스룰렛’, ‘야한 박물관’, ‘야설’이란 이름을 나열했습니다. 이용자가 ‘free photo’를 클릭하면 곧바로 ‘persiankitty’라는 웹사이트 화면이 나오고, 그 화면에는 서양여성의 음부가 드러난 음란영상을 볼 수 있었습니다. 이용자가 ‘nippon’을 클릭하면 일본여성 등이 나오는 음란영상들을 모아놓은 웹페이지에 바로 연결됩니다. 이용자가 ‘sixnine 주식회사’를 클릭하면 151개의 음란소설을 모아놓은 웹페이지에 연결되었습니다. 이용자가 ‘야설’을 클릭하면 54개의 음란소설을 모아놓은 웹페이지에 연결되었습니다. 실제로 많은 사람들이 이러한 링크를 이용하여 아무런 제한 없이 음란사이트에 접속할 수 있었습니다.

달기는 링크를 통하여 많은 사람들이 아무런 제한 없이 음란한 사이트에 접속할 수 있도록 만들었습니다. 여기서 달기가 링크를 통하여 음란 사이트의 초기화면에 접속할 수 있게 한 행위는 죄가 안 된다고 합니다.”

“아니, 어째서 죄가 안 된다는 것입니까?”

"인터넷에서 사용되는 이른바 링크(link)의 방식에는 다른 웹사이트의 초기화면에 링크하는 방식과 다른 웹사이트에 속하는 개개의 문서나 파일에 링크하는 방식이 있습니다. 어떠한 링크의 방식을 활용하느냐에 따라 달라지게 됩니다."

"어떤 차이가 있나요?"

"다른 웹사이트에 속하는 개개의 문서나 파일에 링크한 경우 링크 부분에 마우스(mouse)를 클릭(click)하면 링크를 설정한 웹사이트의 도메인이름이 변하지 않은 채 링크된 다른 웹사이트의 문서나 파일에 직접 접속할 수 있습니다. 그 문서나 파일은 링크를 설정한 웹사이트와 유기적으로 통합되어 있습니다.

만약 달기가 개설한 홈페이지에 다른 웹사이트의 음란 파일을 링크시켰다면, 음란 파일이 달기의 홈페이지와 유기적으로 통합되어 음란 파일을 달기의 홈페이지에 게재하는 것과 유사하므로 처벌받게 됩니다.

그러나 다른 웹사이트의 초기화면에 링크한 경우에는 링크 부분을 마우스로 클릭하면 링크된 웹사이트의 초기화면으로 이동하면서 다른 웹사이트의 서버로 연결되고 새로운 도메인이름이 화면에 표시됩니다.

달기가 링크를 통하여 음란 사이트의 초기화면에 접속할 수 있게 한 행위는 음란 사이트의 주소를 전시(展示)하거나 알려준 것에 불과합니다. 음란물을 공연히 전시한 것이 아니므로, 달기는 처벌받지 않았답니다.

따라서 우리 회사의 홈페이지에서 음란 사이트의 초기화면으로 링크시키는 경우에는 처벌받지 않게 됩니다. 이 점을 적극 활용하여 우리 회사를 홍보할 필요가 있습니다."

"많이 고생했습니다. 그 방안에 대하여 적극적으로 검토해보겠습니다."

❸ 대법원의 판결

그러나 유비는 뭔가 미심쩍은 생각이 들어 제갈공명에게 위연의 제안을 상세하게 이야기하면서 음란사이트로 링크하는 방안이 적법(適法)한지를 물어본다.

"곤란합니다. 법률에 위배되어 처벌받을 수 있습니다.

정보통신망 이용촉진 및 정보보호 등에 관한 법률에 따르면 전기통신역무를 이용하여 음란한 부호·문언·음향 또는 영상을 반포·판매 또는 임대하거나 공연히 전시한 자는 1년 이하의 징역 또는 1천만 원 이하의 벌금에 처하게 됩니다(정보통신망이용촉진및정보보호등에관한법률65조1항2호)."

"좀 어려운데 쉽게 이야기해 주시죠."

"쉽게 이야기하면 인터넷을 이용하여 음란사이트를 운영하는 자는 징역가거나 벌금을 내야 합니다."

"위연의 제안은 직접 음란사이트를 운영하자는 것은 아닙니다. 음란 사이트의 초기화면으로 링크시키자는 제안입니다."

"그래도 처벌받을 수 있습니다.

위연은 하나는 알고 둘은 모르고 있습니다. 위연은 하급심의 판결[16]은 알고 있지만, 대법원의 판결[17]은 모르고 있습니다.

대법원에 따르면 달기가 링크를 통하여 음란 사이트의 초기화면에 접속할 수 있게 한 행위

---

16 수원지방법원 2001. 2. 15. 선고 99노4573 판결.
17 대법원 2003. 7. 8. 선고 2001도1335 판결.

가 죄가 될 수 있을까요?"

"조금 전에 위연은 하나는 알고 둘은 모르고 있다고 말씀하셨지요. 그렇다면 하급심은 죄가 되지 아니한다고 판결하였지만, 대법원은 죄가 된다고 판결하였겠지요."

"그렇습니다.

하급법원은 달기의 행위가 단순하게 음란 사이트의 주소를 알려준 것에 불과하다고 판단하였지요. 그러나 대법원의 판단은 하급심의 판단과는 다릅니다.

대법원이 링크의 기능에 대하여 언급하고 있는 부분을 살펴보지요. 인터넷 이용자가 마우스를 클릭하면 다른 웹사이트에 손쉽게 접근할 수 있게 됩니다. 다른 웹사이트로부터 정보가 전송되어 오는 데 걸리는 시간이 매우 짧기 때문에, 인터넷 이용자는 전송된 정보가 링크를 설정한 웹사이트가 아니라 링크된 다른 웹사이트로부터 전송되는 것임을 인식하기조차 어렵습니다. 링크를 설정한 웹사이트를 통하여 이용자에게 정보를 전달하는 것과 링크된 다른 웹사이트를 통하여 이용자에게 정보를 전달하는 것이 실질적으로 동일하다는 것이지요.

따라서 링크란 수법을 통하여 음란 사이트를 사실상 지배·이용함으로써 실질적으로 음란물을 직접 전시하는 것과 동일하고, 많은 사람들이 링크를 이용하여 별다른 제한 없이 음란물에 바로 접할 수 있는 상태가 실제로 조성되었다면, 링크를 통하여 음란사이트를

링크를 통하여 음란 사이트에 접속할 수 있게 한 행위에 대한 법원의 판결

원심법원의 판결	대법원의 판결
링크를 통하여 음란 사이트의 초기화면에 접속할 수 있게 한 행위는 음란 사이트의 주소를 알려준 것에 불과합니다. 음란물을 공연히 전시한 것이 아니므로, 처벌받지 않습니다.	링크란 수법을 통하여 음란사이트를 사실상 지배·이용함으로써 실질적으로 음란물을 직접 전시하는 것과 동일하고, 많은 사람들이 링크를 이용하여 별다른 제한 없이 음란물에 바로 접할 수 있는 상태가 실제로 조성되었다면, 링크를 통하여 음란사이트를 이용하게 한 행위는 음란물을 공연하게 전시한 행위와 동일하므로 처벌받게 됩니다.

이용하게 한 행위는 음란물을 공연하게 전시한 행위와 동일하므로 처벌받게 됩니다.

달기의 행위에 대한 대법원의 판단을 살펴보지요. 달기는 많은 사람들이 자신의 웹사이트를 이용하여 음란사이트에 접속할 수 있는 장치를 링크란 수법으로 마련하였습니다. 링크를 통하여 많은 사람들이 음란사이트를 이용하게 함으로써 실질적으로 달기가 음란물을 직접 전시하는 것과 동일하고, 많은 사람들이 링크를 이용하여 별다른 제한 없이 음란물에 바로 접할 수 있는 상태가 실제로 야기되었다고 합니다. 따라서 달기가 링크란 방법으로 음란사이트를 이용하게 하는 행위는 음란사이트를 운영하는 행위와 사실상 동일하게 처벌받게 된다는 것입니다."

(10) 법을 바라보는 시각

❶ 서

"앞에서 살펴본 사항 중에서 하급법원에서 판결한 내용과 대법원에서 판결한 내용이 다른 경우가 있었습니다. 왜 그런 것입니까?"

"당연한 현상입니다. 동일한 법이라 하더라도 보는 사람의 시각에 따라 달라질 수 있습니다."

"동일한 법이라도 보는 사람의 시각에 따라 달라진다는 것은 무슨 말입니까?"

"법관은 법률에 근거하여 판결을 합니다. 그러나 어떻게 법률의 규정을 해석하느냐에 따라서 판결의 내용이 달라질 수 있습니다. 동일한 법률규정을 적용하여 판결을 하였다 하더라도 하급법원에서 판결한 내용과 대법원에서 판결한 내용이 달라질 수 있다는 것입니다."

"하급법원에서 오류를 범하였으니까 대법원에서 올바르게 판결한 것 아닙니까?"

"물론 그런 경우도 있습니다. 그러나 보는 시각이 다르기 때문에 서로 다르게 판결할 수도 있습니다."

"좀 이해하기 어려운 이야기군요."

❷ 윤락녀를 바라보는 시각

"그러면 최일도 목사님의 이야기를 잠깐 하지요. 이분은 「밥짓는 시인 퍼주는 사랑」, 「이밥 먹고 밥이 되어」, 「참으로 소중하기에… 조금씩 놓아주기」 등 여러 권의 책을 썼습니다. 그중 청량리에서 목회를 하면서 윤락녀와 대화한 내용 중 일부를 소개하고자 합니다."

"어떻게 하나님 나라에서 살 수 있나요?"
"아무리 고통스러운 환경이라도 사랑의 나눔이 있는 곳은 그 어디나 하늘나라요, 어디에서나 좋은 세상이 열리는 거란다."
"나 같은 년 위해서도 기도하는 거예요?"
"너 같이 아름답고 귀한 딸이 또 어디 있니? 사랑의 눈으로 보면 어느 것 하나 사랑스럽지 않은 게 없고 그 모든 사람들이 다 귀하기만 하지."
"정말 나도 아름다운 거예요? 정말이에요?"
"그럼, 너는 처음부터 아름다웠고 지금도 아름다워. 참으로 아름답단다."

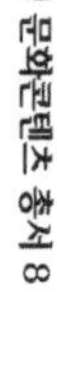

"이 책에서 최일도 목사는 윤락녀를 아름답고 귀하다고 이야기하였습니다. 그래서 나는 감동했습니다. 그리고 나에게 어떤 시각으로 세상을 바라보고 있느냐는 생각을 하게 만들었습니다. 세상은 보는 시각에 따라 달라지기 때문에 어떤 시각으로 세상을 보느냐는 매우 중요한 문제입니다. 사랑이라는 이름의 안경을 쓰고서 바라본다면 세상은 사랑스럽게 보일 것이고, 증오라는 이름의 안경을 쓰고서 바라본다면 모든 것이 증오의 대상이 될 것입니다. 사랑의 눈으로 세상을 바라보고 싶다는 생각을 했지요."

"그 분은 목사님이니까 그런 생각을 할 수 있겠지요.

제가 알기론 성매매를 한 여성은 처벌받게 되는데요. 처벌받아야 하는 여성이 아름답다는 것은 말이 안 되는군요."

"물론 성매매를 한 자는 처벌을 받게 되지요. 성매매알선 등 행위의 처벌에 관한 법률에 따르면 성매매를 자발적으로 한 여성은 1년 이하의 징역이나 300만 원 이하의 벌금·구류 또는 과태료에 처하게 됩니다(성매매알선등행위의처벌에관한법률21조1항).

그러나 여기서 하려는 이야기는 그런 의미가 아니지요. 손가락으로 달을 가리키고 있는데, 달을 봐야지 손가락을 보면 곤란하죠."

❸ 오백 원 동전을 보는 시각

"다른 이야기를 하나 해 주시죠."

"그러면 한국은행에서 발행한 오백 원짜리 동전을 보고 생각해 보시지요.

뒷면에는 500이라는 숫자가 인쇄되어 있지만, 앞면에는 아름다운 한 마리 학이 날아가고 있습니다. 동전의 뒷면만을 본 사람에게 동전에는 무엇이 있느냐고 물어본다면 500이라는 숫자가 인쇄되어 있다고 대답하겠지만, 동전의 앞면만을 본 사람에게 동전에는 무엇이 있느냐고 물어본다면 아름다운 한 마리 학이 날아가고 있다고 대답할 것입니다.

　이처럼 동일한 동전에 관한 질문에 대하여 사람에 따라 다른 대답이 나올 수 있습니다. 마찬가지로 동일한 법률규정에 근거하여 판결을 내리는 경우에도 어떻게 그 규정을 해석하느냐에 따라서 다른 판결이 나올 수 있습니다."

　"듣고 보니 이해가 가는군요."

　"동일한 법이라 하더라도 보는 사람의 시각에 따라 달라질 수 있습니다."

3. 심층분석

(1) 도메인이름과 부정경쟁방지법

 **서**

유비는 촉나라인터넷 주식회사의 영업실적이 부진하자 며칠간 고민하고 있었습니다. 마속이 유비에게 회사의 인터넷 홈페이지를 대폭 개선하자고 제안하였습니다. 유비는 그 제안이 타당하다고 생각되어 구체적으로 검토해보라고 하였습니다.

그러자 마속은 이왕 홈페이지를 개선하는 김에 도메인이름에 'Viagra'나 'Chanel'과 같은 유명한 상표를 첨가하여 홍보효과를 높임과 더불어 도메인이름의 등록비용이 비싸지 않으니 유명한 상호나 상표와 관련된 도메인이름을 등록하여 상표권자에게 고가로 팔자고 제안하였답니다.

유비는 공명에게 이 사업이 적법(適法)한가에 대하여 상의를 하게 되었습니다.

"마속의 말대로 유명한 상표나 상호를 도메인이름에 쓰는 것은 문제가 없습니까?"

"웹사이트 운영자 중에는 웹사이트를 홍보하기 위하여 타인의 유명한 상호나 상표를 웹사이트의 도메인이름에 이용하기도 합니다. 이로 인하여 상표권자와 도메인이름의 소유자간에 법적 분쟁이 발생하기도 합니다.

또한 상표권자에게 판매하기 위하여 도메인이름을 등록하는 경우에도 상표권자와 도메인이름의 소유자간에 법적 분쟁이 발생합니다."

"그 내용을 알고 싶군요."

"그러기 위해서는 먼저 관련된 용어에 대하여 알 필요가 있습니다.

도메인이름이란 무엇입니까?"

"도메인이름은 인터넷에 접속된 컴퓨터의 IP 주소를 사람들이 알기 쉽도록 표현한 명칭입니다."

"잘 아시는군요."

"앞 부분에서 나온 것을 기억하고 있는 것이지요."

"그러면 상표나 상호란 무엇입니까?"

"글쎄요……."

"상호(商號)란 상인을 나타내는 호칭이 되지요. 상인이 영업상 사용하게 되는 명칭으로 이해하시면 됩니다."

"그러고 보니 앞에서 들은 이야기이군요. 촉나라인터넷 주식회사가 우리 회사의 상호입니다."

"그렇습니다.

상표(商標)란 상품을 표시하기 위한 것이지요. 법적으로는 상품을 생산하거나 판매하는 것을 영업으로 하는 자가 자기의 업무에 관련된 상품을 타인의 상품과 식별되도록 하기 위해 사용하는 기호, 문자 또는 도형, 입체적 형상 또는 이들의 결합, 또는 이들과 색체와의 결합된 표장을 말합니다(상표법2조1항). 상인은 자신의 상품과 타인의 상품을 구별하기 위하여 상표를 이용하는 것입니다.

상표권자(商標權者)란 상표(商標)에 관하여 권리(權利)를 갖고 있는 자(者)를 말합니다."

"알기 쉽게 예를 들면 좋겠습니다."

"예를 하나 들지요. 한국화이자제약 주식회사는 유명한 발기기능장애 치료용 약품을 판매하고 있습니다. 그 약품을 표시하는 상표는 'Viagra'와 '비아그라'입니다. 한국화이자제약 주식회사는 그 상표에 대하여 권리를 갖고 있는 상표권자입니다. 상표권자가 아닌 사람이 'viagra. co.kr'이라는 도메인이름을 이용하여 건강식품을 판매하였기 때문에 상표권자와 도메인이름의 소유자간에 법적 분쟁이 발생되었습니다.

또한 상표권자에게 판매하기 위하여 이러한 도메인이름을 등록한 경우에도 상표권자와 도메인이름의 소유자간에 법적 분쟁이 발생할 수 있겠지요."

"법적 분쟁이 발생되는 경우 어떠한 법률의 적용을 받게 됩니까?"

"민법, 상법, 상표법 및 부정경쟁방지 및 영업비밀보호에 관한 법률 등 다양한 법률의 적용을 받게 됩니다. 상호권자나 상표권자는 이러한 다양한 법률에 의하여 보호받게 됩니다."

"다양한 법률 중 한두 가지만 소개해주시면 좋겠네요."

"그중 최근 논란이 많은 법률은 부정경쟁방지 및 영업비밀보호에 관한 법률입니다. 이 법률을 간단하게 줄여서 부정경쟁방지법(不正競爭防止法)이라고도 합니다. 부정경쟁방지법의 목적은 국내에 널리 알려진 타인의 상표·상호 등을 부정하게 사용하는 부정경쟁행위와 타인의 영업비밀을 침해하는 행위를 방지하여 건전한 거래질서를 유지하는 것입니다.

부정경쟁법방지법은 2001년과 2004년에 개정되었는데, 그때마다 상호권자와 상표권자를 보호하는 규정을 신설하였습니다. 2001년 부정경쟁방지법이 개정되기 이전에는 혼동방지규정을 적용하여 상표권을 보호하고 있었습니다. 혼동방지규정에 따르면 국내에 널리 인식된 타인의 성명·상호·상표·상품의 용기·포장 기타 타인의 상품 또는 영업임을 표시한 표지(標識)와 동일하거나 이와 유사한 것을 사용하여 타인의 상품과 혼동을 하게 하는 행위와 타인의 영업상의 활동과 혼동을 하게 하는 행위가 규제됩니다."

"좀 쉽게 혼동방지규정에 대하여 설명해 주시지요."

"혼동방지규정(混同防止規定)은 상품주체(商品主體)나 영업주체(營業主體)에 관한 소비자의 혼동(混同)을 방지(防止)하기 위한 규정(規定)입니다. 어떠한 자가 상표권자(商標權者)의 저명한 상호나 상표와 동일하거나 유사한 것을 사용함으로써 소비자가 상품의 주체나 영업의 주체에 관하여 혼동할 가능성이 있는 경우 상표권이 보호됩니다.

어떠한 자가 상표권자의 저명한 상표와 동일한 상표를 사용하면서 물건을 생산하여 판매하는 영업을 하고 있다고 생각해보지요. 그 자가 상품을 생산하여 판매하는 영업을 하고 있는 것입니다. 따라서 그 자가 상품주체이면서 영업주체가 되는 것이지요. 그러나 상표권자의 저명한 상표와 동일한 상표가 사용되었기 때문에 소비자들은 상표권자가 상품을 판매하거나 영업을 하고 있다고 오해할 가능성이 있습니다. 상표권자가 상품주체 또는 영업주체라고 혼동할 가능성이 있다는 이야기입니다. 상품의 주체나 영업의 주체에 대하여 소비자의 혼동을 초래할 가능성이 있다면 상표권자의 저명한 상표와 동일하거나 유사한 상표의 사용은 허용될 수 없겠지요.

도메인이름의 등록자가 상업적인 이익을 얻기 위하여 상표권자의 상표와 동일하거나 유사한 도메인이름을 이용하여 소비자들을 자신의 사이트로 유인하는 경우 혼동방지규정이 적용될 수 있습니다."

❷ 이른바 샤넬 사건

"1999년 5월 우리나라에서 최초로 도메인이름에 관련된 소송이 서울지방법원에 제기되었습니다. 이른바 샤넬사건에서 서울지방법원은 혼동방지규정을 적용하여 판결하였습니다."[18]

"샤넬이란 이름은 향수나 화장품과 관련되어 여자들에게 유명한 회사이지요."

"그렇습니다.

'CHANEL'이라는 상호와 상표는 외국에서는 물론 우리나라에서도 널리 알려져 있습니다. 이 사건에서 원고들은 유명한 프랑스 회사인 샤넬(Chanel)과 그 한국 내 자회사(子會社)인 샤넬 유한회사(有限會社)이었습니다. 샤넬은 향수 등의 화장품류나 속옷, 액세서리 등을 지정상품으로 하여 'CHANEL'과 '샤넬'을 등록한 상표권자입니다. 피고는 'chanel.co.kr'이라는 도메인이름을 등록한 후 이 사이트를 통하여 향수, 란제리 등의 상품을 판매하였습니다.

원고들은 피고의 행위가 영업주체의 혼동행위에 해당한다고 주장하면서, 피고에게 이 도메인이름을 사용하지 말 것을 청구하는 소송을 서울지방법원에 제기하였습니다."

"법원은 어떻게 판결하였습니까?"

"한국에서 원고 샤넬 또는 관련된 기업의 홈페이지를 찾으려는 사람들은 원고 샤넬의 상호나 상표의 영문철자를 그대로 사용한 'chanel.co.kr'이라는 도메인이름을 통해 피고의 홈페이지에 접속하게 됩니다. 피고의 홈페이지에 접속하는 사람들이 피고의 영업 행위가 원고 샤넬과 어떠한 관련이 있을 것이라고 생각할 수 있으므로, 소비자들이 피고의 영업행위와 원고 샤넬의 영업행위를 혼동할 수 있다고 판결하였습니다."

---

18 서울지방법원 1999. 10. 8. 선고 99가합41812 판결.

"'조금 어려운데 쉽게 이야기해 주시죠.'"

"소비자들이 'chanel.co.kr'이라는 도메인이름을 사용하고 있는 피고의 웹사이트에 접속하여 향수를 구매하는 경우 매도인은 피고입니다. 피고가 향수를 판매하는 영업을 한 것이지요. 따라서 이 경우 영업의 주체는 피고가 됩니다.

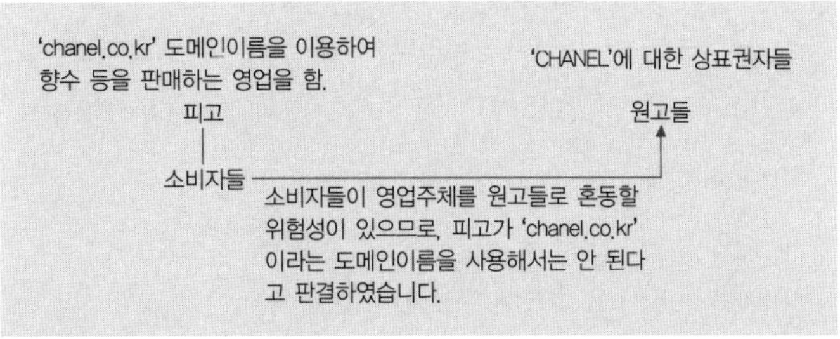

그러나 소비자들은 영업의 주체를 원고인 샤넬이거나 샤넬과 밀접한 관련이 있는 샤넬 유한회사로 혼동할 위험성이 있습니다. 따라서 피고가 'chanel.co.kr'이라는 도메인이름을 이용하여 향수, 란제리 등의 상품을 판매한 행위는 부정경쟁방지법상 영업주체의 혼동행위에 해당된다는 것입니다."

이른바 샤넬사건에 관한 판결

"그렇다면 원고들이 승소(勝訴)하였겠네요."

"그렇습니다.

서울지방법원은 피고가 'chanel.co.kr'이라는 도메인이름을 사용해서는 안 된다고 판결하였습니다."

❸ 이른바 비아그라 사건

① 서언

"위에서 살펴본 이른바 샤넬 사건은 비교적 간명한 사건입니다. 도메인이름과 상표에 관련된 주목할 만할 판결로서는 이른바 비아그라 사건에 관한 판결을 들 수 있습니다. 이 사건에 관한 서울지방법원의 판결은 커다란 주목을 받게 되고, 부정경쟁방지법이 개정되는 계기가 되었습니다."

"어떠한 사건입니까?"

"상표권자가 아닌 사람이 'viagra.co.kr'이라는 도메인이름을 이용하여 건강식품을 주문자들에게 판매하는 것이 적법한 것인가를 다룬 사건입니다."

"구체적으로 어떠한 내용입니까?"

"이 사건에 대하여 살펴보도록 하겠습니다.

이 사건의 원고들은 화이자 프로덕츠 인크(Pfizer Products Inc.)와 화이자 프로덕츠 인크의 자회사인 한국화이자제약 주식회사입니다.

화이자 프로덕츠 인크는 발기기능장애 치료용 약품인 비아그라(Viagra)를 비롯한 다수의 의약품을 개발하여 판매하고 있는 미국회사입니다. 한국화이자제약 주식회사는 한국 내에서 화이자 프로덕츠 인크가 생산한 의약품을 독점적으로 판매하고 있습니다. 원고들은 발기기능장애 치료용 약제를 지정상품으로 하는 'Viagra'와 '비아그라' 상표를 등록해서 사용하고 있는 상표권자입니다. 'Viagra'와 '비아그라'는 원고들이 개발·판매하는 발기기능장애 치료제를 나타내는 상표로서, 'PFIZER'는 비아그라를 개발·생산하는 원고들의 상호로서 한국에서도 널리 알려지게 되었답니다. 한국 식품의약품안전청이 1999년 10월경부터 발기기능장애 치료제인 비아그라를 판매하도록 승인함에 따라 비아그라는 의사의 처방전이 있는 자에 한하여 약국에서만 판매되고 있습니다."

"그러고 보니 비아그라도 많이 들어본 말이군요. 어떤 일이 일어났습니까?"

"피고들은 홈페이지 내에 원고들의 등록상표인 'Viagra', '비아그라' 및 'PFIZER'란 용어를 사용하였습니다. 그리고 'viagra.co.kr'이라는 도메인이름을 이용하여 홈페이지를 운영하면서 생칡즙, 칡수 등의 건강식품을 주문자들에게 판매하였습니다.

원고들은 1999년 3월 'viagra.co.kr'이라는 도메인이름과 'Viagra', '비아그라' 및 'PFIZER'란 용어를 사용하지 말라는 경고서한을 피고들에게 보냈습니다. 이러한 경고서한을 받은 피고들은 홈페이지에서 'Viagra', '비아그라' 및 'PFIZER' 등의 표현을 모두 삭제하였습니다. 그러나 피고들은 여전히 'viagra.co.kr'이라는 도메인이름을 사용하여 건강식품을 판매하였습니다.

원고들은 서울지방법원에 소송을 제기하였습니다. 피고들이 도메인이름에 원고의 상표와 동일한 문자를 사용하여 영업을 한 행위는 상품주체 또는 영업주체를 혼동시킴과 더불어 상표를 희석화(稀釋化)시키는 부정경쟁행위(不正競爭行爲)라고 주장했습니다."

② 지방법원의 판결

"원고들의 주장 내용을 이해하기가 쉽지 않군요. 원고들은 피고들의 행위가 상품주체 또는 영업주체의 혼동행위라고 주장하였는데, 그게 무슨 이야기입니까?"

　“피고들은 ‘viagra.co.kr’이라는 도메인이름을 사용하여 건강식품을 판매하는 영업행위를 하였습니다. 소비자들이 ‘viagra.co.kr’이라는 도메인이름을 사용하고 있는 피고들의 웹사이트에 접속하여 건강식품을 구매하는 경우 매도인은 피고들이 됩니다. 따라서 이 경우 피고들이 상품을 판매하는 주체임과 더불어 영업행위를 한 주체인 것입니다.

　원고들은 피고들의 행위가 상품주체 또는 영업주체의 혼동행위라고 주장하였지요. ‘viagra.co.kr’ 웹사이트에 접속한 사람들이 원고들이거나 원고들과 밀접한 관계가 있는 자가 건강식품을 판매하는 것으로 혼동할 위험이 있다고 주장한 것입니다.”

　“아! ‘viagra.co.kr’ 웹사이트에서 건강식품을 판매하는 것은 피고들이지만, 이 사이트에 접속하는 사람들은 원고들이나 원고들과 밀접한 관계에 있는 자가 건강식품을 판매하는 것으로 오해할 수 있다는 말이군요.”

　“그렇습니다.”

　“법원은 어떻게 판결하였습니까?”

　“서울지방법원은 피고들의 행위가 상품주체 또는 영업주체의 혼동을 초래하는 부정경쟁행위가 아니라고 판결하였습니다.

　서울지방법원은 피고들이 ‘viagra.co.kr’이라는 도메인이름을 사용하고 있다는 것만으로는 피고들의 홈페이지에 접속하는 사람들이 원고들이나 원고들과 긴밀한 관계에 있는 자가 생칡즙 등의 건강식품을 판매하는 것으로 혼동할 위험이 있다고 보기는 어렵다고 판단한 것이지요.”

　“어떠한 점을 근거로 혼동할 위험이 있는 것으로 보기는 어렵다고 판단한 것입니까?”

"사람들이 비아그라와 재래의 건강식품을 혼동할 가능성이 거의 없다는 점과 원고들이 재래의 건강식품을 판매하리라고 예상하기 어렵다는 점을 근거로 상품주체를 혼동할 가능성이 없다고 판단한 것입니다."

"지방법원은 어떠한 점에서 비아그라와 재래의 건강식품을 혼동할 가능성이 거의 없다고 판단한 것입니까?"

"원고들이 비아그라를 판매하고 있었으며, 피고들은 생칡즙, 칡수 등을 판매하고 있었습니다. 비아그라(Viagra)는 발기기능장애 치료제입니다. 의약품이기 때문에 의사의 처방전이 있어야만 약국에서 비아그라를 구입할 수 있습니다. 인터넷 통신망을 통해서는 이 의약품을 구입할 수 없지요. 그리고 피고들은 자신들이 판매하는 생칡즙의 효능이 발기기능과는 무관한 숙취해소에 있다는 것을 명확하게 밝히고 있었습니다.

그래서 서울지방법원은 사람들이 발기기능장애 치료제인 비아그라와 생칡즙, 칡수 등 재래의 건강식품을 혼동할 위험이 거의 없다고 합니다. 사람들이 발기기능장애 치료제와 건강식품을 혼동해서 발기기능장애 치료제를 구매하려고 했지만, 건강식품을 구매하지는 않겠지요."

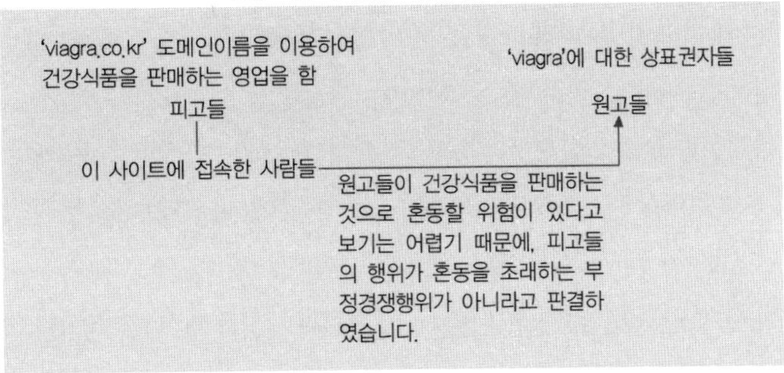

"왜 원고들이 재래의 건

혼동 여부에 관한 지방법원의 판결

강식품을 판매하리라고 예상하기 어렵다는 것입니까?"

"원고들은 외국의 제약회사 또는 외국계 제약회사이지요. 일반적으로 이러한 회사가 생칡즙, 칡수 등 재래의 건강식품을 판매한다고는 쉽사리 생각되지 않는다는 것입니다."

"원고들은 다른 주장도 했었지요?"

"그렇습니다.

원고들의 저명상표와 동일한 'Viagra'라는 문자가 포함된 도메인이름을 이용하여 건강식품을 판매하는 것은 저명상표의 고객흡인력을 희석화(dilution)시키는 것이므로, 영업주체의 혼동과 무관하게 피고들의 행위는 부정경쟁행위로 보아야 한다고 주장하였습니다.

이에 대하여 서울지방법원은 부정경쟁방지법이 상품주체 또는 영업주체에 관하여 혼동을 야기할 위험이 있는 행위만을 부정경쟁행위로 보고 있으므로, 현행법 체계 하에서는 희석화에 관한 피고들의 주장을 받아들일 수 없다고 판결하였습니다."[19]

③ 부정경쟁방지법의 개정

"비아그라 사건에서 서울지방법원은 현행법 체계 하에서는 희석화를 규제할 수 없다고 판결하였습니다. 이 판결로 인하여 부정경쟁방지법에 희석화규제조항을 도입해야 한다는 주장이 특허청을 중심으로 제기되었습니다. 2000년 6월 특허청이 마련한 부정경쟁방지법 개정안(2조1호다목)에 따르면 유명상표를 희석화하는 행위도 부정경쟁행위가 됩니다. 즉 국내에 널리 인식된 타인의 상호나 상표와 동일하거나 유사한 것을 사용하여 상품을 판매하는 경우 비록 혼동을 일으키지 않더라도 그 상호나 상표의 식별력이나 명성을 부당한 방법으로 손상 또

19 서울지방법원 1999.11.18. 선고 99가합8863 판결.

는 희석시키는 행위가 부정경쟁행위로 신설되는 것입니다."

"특허청의 개정안이 부정경쟁방지법에 수용되었나요?"

"이 개정안이 그대로 부정경쟁방지법에 수용되지 아니하였습니다."

"왜 그렇게 된 것입니까?"

"개정안이 타당하다는 견해와 그러하지 아니하다는 견해로 나뉘어졌습니다. 이러한 견해를 절충하다보니 개정안이 그대로 부정경쟁방지법에 수용되지 않았지요."

"개정안이 타당하다는 견해는 어떤 내용이었습니까?"

"저명상표가 희석화되는 경우 저명상표의 판매촉진기능이 저해되지만, 혼동방지규정에 의하여 상표권자가 보호받을 수 없다고 합니다. 따라서 부정경쟁방지법에 구체적인 규정을 두어 저명상표의 희석화를 방지하는 것이 타당하다고 합니다."

"반대되는 견해도 있었다면서요."

"그렇습니다.

특허청이 추진 중인 희석화방지규정이 국내 도메인 이용자들의 권리를 현저하게 침해할 수 있을 뿐만 아니라 도메인의 자유로운 사용을 저해할 가능성이 있다고 주장하였습니다. 상표권자의 권리를 과도하게 보호하는 반면에 도메인이름 이용자들의 권리는 부당하게 침해될 수 있다는 것이지요."

"그렇다면 개정된 부정경쟁방지법의 내용은 무엇입니까?"

"입법적 논란을 거쳐 2001년 2월 부정경쟁방지법이 개정되었습니다. 개정된 부정경쟁방지법에서는 '타인의 표지의 식별력이나 명성을 손상하게 하는 행위'를 부정경쟁행위로 규정하였습니다. 즉 부정경쟁방지법에 따르면 비상업적(非商業的) 사용 등 정당한 사유없이 국내에 널리 인식된 타인의 상호나 상표와 동일하거나 유사한 것을 사용하여 상품을 판매함으로써 타인의 상호나 상표의 식별력이나 명성을 손상하게 하는 행위도 부정경쟁행위가 됩니다(2조1호다목).”

“특허청의 개정안과 2001년 개정된 부정경쟁방지법의 규정은 구체적으로 어떠한 차이가 있는 것입니까?”

“특허청의 개정안과 2001년 개정된 부정경쟁방지법 규정을 비교해보지요.

특허청의 개정안에서는 비상업적 사용에 관한 구체적인 언급이 없었지만, 개정된 부정경쟁방지법에서는 비상업적으로 사용하는 경우에는 부정경쟁행위가 아니라는 것을 명확하게 하였습니다. 또한 특허청의 개정안에 따르면 ‘표지의 식별력이나 명성을 손상 또는 희석시키는 행위’가 부정경쟁행위이지만, 2001년 개정된 부정경쟁방지법에 따르면 ‘표지의 식별력이나 명성을 손상하게 하는 행위’가 부정경쟁행위가 됩니다.”

“그런데 ‘식별력이나 명성을 손상 또는 희석시키는 행위’를 규제하는 것과 ‘식별력이나 명성을 손상하게 하는 행위’를 규제하는 것은 무슨 차이가 있습니까?”

“간단하게 이야기한다면 상표의 식별력이 약화되는 경우 상표권자가 보호되느냐에 관한 해석상의 차이라고 할 수 있습니다.”

“무슨 이야기인지 이해하기가 어렵군요.”

“그러면 미국의 연방상표법상 희석화규제에 관한 규정을 소개하면서 설명하기로 하지요. 미국은 1996년 유명상표의 경제적 가치를 보호하기 위하여 유명상표의 희석화를 방지하기 위한 규정을 연방상표법(聯邦商標法)에 신설하였습니다. 비상업적(非商業的)으로 유명한 상표를 사용하는 경우 등 몇 가지 경우를 제외하고는 유명상표의 희석화가 규제됩니다.

연방상표법에 규정된 희석화(dilution)란 유명한 상표의 소유자와 타인 간의 경쟁 또는 혼동의 여부와는 무관하게 상품 또는 서비스를 구별하는 유명상표의 식별력의 감소(the lessening of the capacity of a famous mark to identify and distinguish goods or services)를 의미합니다(15 U.S.C. 1127). 상표의 희석화는 손상과 약화의 두 가지 형태로 나타납니다."

"상표가 손상되었다거나 약화되었다는 것은 무슨 이야기입니까?"

"상표가 저질이거나 비도덕적인 상품 또는 서비스와 연관되어지는 경우 상표가 손상 (tarnishment)되는 것입니다. 상표가 손상되어 희석화되었다고 한 미국의 연방지방법원의 판결을 살펴보지요.[20]

이 사건에서 원고회사는 'Toys R Us', 'Kids R Us' 등과 같이 'R Us'를 포함하는 다수의 상표권을 소유하며, 장난감가게 체인점을 운영하고 있었습니다. 피고는 'adultsrus.com'이라는 도메인이름을 이용하여 성행위(性行爲)에 필요한 상품을 판매하였습니다. 원고회사는 피고의 행위가 원고회사 상표의 명성을 손상시키고 그 가치를 희석시키므로, 피고가 'adultsrus.com'이라는 도메인이름을 사용해서는 안 된다고 주장하였습니다."

"미국의 법원은 원고의 주장을 받아들였습니까?"

"그렇습니다.

연방지방법원은 원고의 청구를 받아들였습니다. 피고가 성행위에 필요한 상품과 원고회사의 유명상표를 연관지음으로써 그 유명상표의 이미지를 손상시킨 행위는 연방상표법상의 희

---

20 Toys 'R' Us Inc. v. Akkaoui, 40 U.S.P.Q.2d., 1836 (Cal. 1996).

석화방지규정에 위반되는 행위라고 판결하였습니다.”

“그렇다면 약화란 무슨 의미입니까?”

“약화(Blurring)란 상표권자의 유명상표가 다른 사람의 상품에 부당하게 사용되어 상표권자의 상품을 인식시키는 유명상표의 기능이 감소되는 것을 말합니다.

이에 관한 사례를 살펴보도록 하지요.”[21]

“어떠한 사례입니까?”

“피고가 원고에게 원고의 유명상표로 구성된 도메인이름을 판매하려고 하였습니다. 원고는 ‘Panavision’과 ‘Panaflex’라는 상표의 상표권자입니다. 피고는 ‘Panavision.com’, ‘Panaflex. com’이라는 도메인이름을 포함하여 100여 개의 도메인이름을 등록하고 있었습니다. 피고는 원고의 상표로 구성된 도메인이름을 원고에게 판매하려고 하였지만, 원고는 이를 거절하고, 소송을 제기하였습니다.”

“법원은 어떻게 판결하였습니까?”

“특정한 회사가 자신의 상호나 상표를 이용하여 도메인이름을 등록하는 경우 사람들은 그 회사의 웹사이트를 손쉽게 찾을 수 있습니다. 만약 원고가 자신의 상표로 구성된 ‘Panavision.com’이라는 도메인이름을 등록하였더라면 사람들은 원고의 웹사이트를 손쉽게 찾을 수 있었겠죠. 그러나 피고가 ‘Panavision.com’이란 도메인이름을 등록하였기 때문에 원고가 이 도메인이름을 사용할 수 없었습니다.

연방항소법원은 원고의 잠재적인 고객들은 ‘Panavision.com’이라는 도메인이름을 통하여 원고의 웹사이트에 접속할 수 없기 때문에 실망하게 되거나, 원고의 웹사이트가 존재하지 않는

---

21 Panavision International, L.P. v. Dennis Toeppen, 141 F3d 1316 (9th Cir. 1998).

것으로 착각할 수 있다고 판단하였습니다. 연방항소법원은 피고의 행위로 인하여 원고의 유명상표의 식별력이 감소되었다고 판결하였습니다.”

“그런데 피고의 행위가 상업적으로 유명한 상표를 사용하는 것입니까?”

“연방항소법원은 피고가 원고의 상표들을 도메인이름으로 등록한 후 이 도메인이름을 정당한 상표권자에게 판매하려는 행위는 상업적으로 도메인이름을 이용하려는 행위라고 판단하였습니다.”

“결국 원고가 승소하였겠네요.”

“그렇습니다.

연방항소법원은 피고가 원고에게 도메인이름을 판매하려는 행위는 연방상표법이 금지하고 있는 상표의 희석화행위라는 이유로 원고승소판결을 내렸습니다.”

“지금까지 이야기한 미국 연방상표법의 규정과 법원의 판결을 간명하게 정리할 필요가 있을 것 같습니다.”

“그게 좋을 것 같군요.”

“미국은 연방상표법에 상표의 희석화란 용어에 관한 구체적인 명문규정을 두고 희석화를 방지하고 있으며, 미국의 법원은 상표가 손상되는 경우와 약화되는 경우 상표권자를 보호하고 있습니다.”

“우리나라의 법과는 어떠한 차이가 있는 것인지요?”

“우리나라의 부정경쟁방지법에서는 희석화란 용어에 관한 구체적인 언급 없이 ‘식별력이나 명성을 손상하게 하는 행위’를 규제하고 있습니다. 부정경쟁방지법에 따르면 상표가 손상

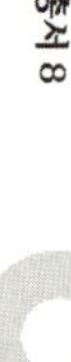

되는 경우 상표권자가 보호된다는 것은 명확합니다.

그러나 상표의 식별력이 약화되는 경우에도 상표권자가 보호되느냐는 명확하지 않습니다. 그래서 우리나라에는 상표의 식별력이 약화되는 경우에도 상표권자가 보호되어야 한다는 학설(學說)과 보호될 수 없다는 학설로 나누어지고 있습니다."

"학설에 대해 소개해 주시지요."

"식별력의 약화가 가장 전형적인 상표의 손상이기 때문에, 부정경쟁방지법이 규정하고 있는 식별력의 손상에는 식별력의 약화가 포함된다는 학설이 있습니다.

이에 비하여 이 규정은 저명상표가 손상되는 경우에만 제한적으로 적용된다고 주장하는 학설도 있습니다. 저명상표가 저질이거나 비도덕적인 상품 또는 서비스와 연관되어지는 경우 그 상표가 손상된다는 것이지요. 부정경쟁방지법이 구체적으로 규제하고 있지 아니한 식별력의 약화를 규제할 수는 없다는 것입니다."

"누구의 말이 옳은지 헷갈리는군요."

"그에 대하여 검토해 볼 필요가 있습니다. 다시 비아그라 사건으로 돌아가 구체적으로 살펴보지요. 어디까지 이야기를 했었지요?"

"서울지방법원이 원고패소판결(原告敗訴判決)을 내린 이야기까지 하셨지요."

④ 고등법원의 판결[22]

"원고는 서울고등법원에 항소를 제기하였습니다."

"고등법원은 어떻게 판결하였습니까?"

---

[22] 서울고등법원 2001. 12. 11. 선고 99나66719 판결.

"서울고등법원은 먼저 상품주체 및 영업주체의 혼동에 관하여 심리하였지요. 서울고등법원은 피고들의 홈페이지에 접속하는 사람들이 원고들이나 원고들과 관련이 있는 자가 건강식품을 판매하는 것으로 혼동할 위험이 있다고 판결하였습니다."

"지방법원의 판결과는 다른데, 고등법원은 어떠한 점을 근거로 혼동할 위험이 있다고 판단한 것입니까?"

"유명한 비아그라(Viagra)라는 상품을 판매하는 기업의 홈페이지를 찾으려는 사람들은 'viagra.co.kr'라는 도메인이름을 통해 피고들의 홈페이지에 접속할 가능성이 크게 되죠. 이 홈페이지에서 피고들이 판매하고 있는 건강식품의 용도와 원고들이 판매하는 의약품의 용도가 유사하다고 본 것이지요. 또한 여러 제약회사에서 건강보조식품을 제조·판매하고 있습니다.

이런 점을 종합해보면, 건강식품을 판매한 피고들의 영업행위는 상품주체 및 영업주체의 혼동을 일으키게 된다고 합니다."

"그런데 지방법원은 사람들이 비아그라와 재래의 건강식품을 혼동할 위험성이 거의 없다고 하는데, 고등법원은 피고들이 판매하고 있는 건강식품이 원고들이 판매하는 의약품과 용도가 유사하다고 하네요."

혼동 여부에 관한 고등법원의 판결

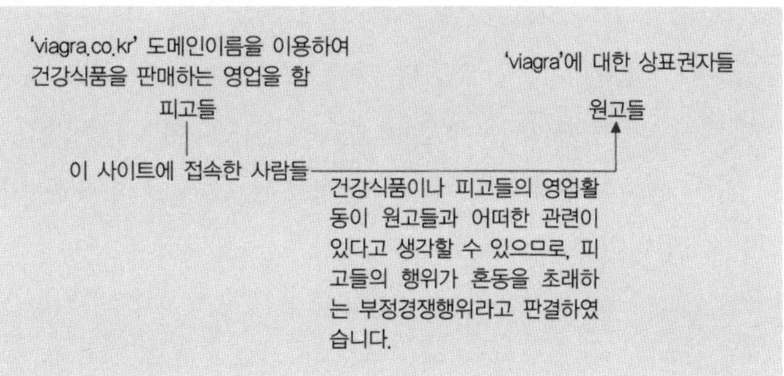

　"서울지방법원은 사람들이 발기기능장애 치료제인 비아그라와 생칡즙, 칡수 등 재래의 건강식품을 혼동해서 발기기능장애 치료제를 구매하려고 했지만, 건강식품을 구매하지는 않는다는 의미였지요.

　이에 비하여 서울고등법원은 의약품이 병을 치료하기 위해서 필요한 것이며, 건강식품은 몸을 건강하게 하여 병을 예방하는 식품이라고 보는 것 같군요. 그런 측면에서 보면 의약품과 건강식품은 유사한 점이 있지요."

　"그러면 고등법원은 2001년 개정된 부정경쟁방지법의 조항에 관해서는 어떻게 판결하였습니까?"

　"고등법원은 피고들의 영업행위가 'Viagra'라는 상표의 식별력을 손상하게 하는 부정경쟁행위라고 판결하였습니다."

　"논란이 있는 조항으로 들었는데, 어떻게 해서 그렇게 판결하였는지요?"

　"서울고등법원은 먼저 부정경쟁방지법상 '식별력' 또는 '명성'을 손상하게 한다는 의미를 해석하였습니다. '식별력'을 손상하게 하는 행위란 특정상품과 관련하여 널리 알려진 상표를 다른 상품에 사용함으로써 자타상품(自他商品) 식별기능을 훼손하는 행위라는 것입니다. '명성'을 손상하게 하는 행위란 좋은 이미지나 가치를 가진 주지의 상표를 부정적인 이미지를 가진 상품이나 서비스에 사용함으로써 그 상표의 좋은 이미지나 가치를 훼손시키는 행위라는 것입니다."

　"그렇다면 이 사건에서는 식별력이나 명성의 손상에 관한 의미를 어떻게 적용한 것입니까?"

　"피고들은 'Viagra'라는 저명상표의 영문철자를 사용한 'viagra.co.kr' 도메인이름을 사용하

면서 생칡즙을 판매하
고 있었습니다. 고등법
원은 발기부전 치료제
를 나타내는 저명한
'Viagra'라는 상표가

식별력의 손상 여부에 관한 고등법원의 판결

생칡즙이라는 상품에 사용됨으로써 'Viagra'라는 저명상표의 식별력이 손상되었다고 합니다. 따라서 이러한 도메인이름을 사용하여 피고들이 생칡즙을 판매하는 행위는 'Viagra'라는 상표의 식별력을 손상하게 하는 부정경쟁행위라는 것입니다."

"고등법원은 원고승소판결을 내렸군요."

"그렇습니다.

피고들의 영업행위가 상품주체 및 영업주체의 혼동행위이며, 상표의 식별력을 손상시키는 행위라는 이유로 원고승소판결을 내렸지요.

서울고등법원은 피고들의 행위로 인하여 원고들의 영업상 이익이 침해되거나 침해될 우려가 있으므로, 그 침해의 금지 및 예방으로서 피고들은 'viagra.co.kr' 도메인이름의 등록말소절차를 이행할 의무가 있다고 판결하였습니다."

⑤ 대법원의 판결[23]

"패소한 피고들은 상고(上告)를 제기하였나요?"

"그렇습니다.

---

23 대법원 2004. 5. 14. 선고 2002다13782 판결.

피고들은 대법원에 상고를 제기하였습니다.”

“대법원은 상품주체의 혼동 여부에 관하여 어떻게 판결하였습니까?”

“대법원은 피고들의 영업행위가 상품주체의 혼동을 일으키는 행위는 아니라고 판결하였습니다. 상품주체의 혼동행위에 해당되기 위해서는 피고들이 ‘Viagra’라는 상표를 자신들의 상품인 건강식품의 출처(出處)를 표시하는 것으로 사용하여야 하지만, 이 사건에서는 그렇게 볼 수 없다고 합니다. 그러한 근거의 상당한 부분은 앞의 서울지방법원의 판결과 유사하지요.

다만 특별한 사정이 없는 한 도메인이름 자체가 곧바로 상품의 출처를 표시하는 것은 아니라고 한 부분이 주목할 만한 사항입니다.”

혼동 여부에 관한 대법원의 판결

이 도메인이름이 상품의 출처를 표시한다고 볼 수 없기 때문에 피고들의 행위가 상품주체혼동행위에 해당되지 아니한다고 판결하였습니다.

‘viagra.co.kr’ 도메인이름

피고들	원고들
건강식품의 출처	발기기능장애 치료용약품의 출처

“상품주체의 혼동 여부에 관해서는 지방법원의 판결과 유사하군요. 그런데 도메인이름 자체가 곧바로 상품의 출처를 표시하는 것은 아니라고 했군요.”

“특정한 도메인이름으로 웹사이트를 개설하여 제품을 판매하는 영업을 하면서 그 웹사이트에서 취급하고 있는 제품에 독자적인 상표를 사용하고 있는 경우에는 특별한 사정이 없는 한 그 도메인이름이 일반인들을 웹사이트로 유인하는 역할을 한다고 하더라도, 도메인이름 자체가 곧바로 상품의 출처를 표시하는 것은 아니라는 것입니다.

피고들이 ‘viagra.co.kr’도메인이름으로 개설한 웹사이트에서 판매하고 있는 생칡즙과 칡수에는 '산에 산에'라는 독자적인 상표가 부착되어 있으며, 달리 이 사건 도메인이름이 피고들이 판매하는 상품의 출처표시로 인식된다고 볼 만한 사정도 없다고 합니다. 따라서 'viagra.co.kr' 도메인이름이 피고들이 취급하는 상품의 출처를 표시한다고 할 수 없다고 합니다."

"그렇다면 대법원은 식별력의 손상 여부에 대해서는 어떻게 판결하였습니까?"

"대법원에 따르면 '식별력의 손상'이란 특정한 상표가 상품이나 영업의 출처를 표시하는 기능이 손상되는 것을 말합니다.

대법원은 피고들의 영업행위가 'Viagra'라는 상표의 식별력을 손상하게 하는 부정경쟁행위라고 판결하였습니다. 결론적으로는 고등법원의 판결과 동일하지만, 논리적으로는 차이가 있습니다."

"어떤 차이가 있습니까?"

"고등법원은 발기부전 치료제를 나타내는 유명한 'Viagra'라는 상표가 생칡즙이라는 상품에 사용됨으로써 'Viagra'라는 저명상표의 식별력이 손상되었다고 판결하였습니다.

그러나 대법원은 'viagra.co.kr'이라는 도메인이름 자체가 곧바로 상품의 출처를 표시하는 것은 아니므로, 피고들이 'Viagra'라는 저명한 상표를 자신들의 건강식품을 나타내는 상표로 사용한 것이 아니라고 합니다. 따라서 피고들이 'Viagra'라는 저명한 상표를 자신들의 건강식품을 나타내는 상표로 사용하였다고 고등법원이 판단한 것은 잘못이라는 것입니다."

"그렇다면 어떤 점에서 고등법원의 판결을 긍정한 것입니까?"

"피고들이 'viagra.co.kr' 웹사이트에서 생칡즙, 재첩국, 건강보조식품 등을 판매하는 행위를 한 것은, 원고들의 저명상표와 유사한 상표를 영업활동에 사용하는 행위를 한 것이라고 판단하였습니다. 피고들이 'Viagra'라는 저명상표를 자신들의 영업을 나타내는 상표로 사용하였기 때문에, 저명상표가 상품의 출처를 표시하는 기능이 손상되었다는 것입니다. 대법원에 따르면 상표의 출처표시기능(出處表示機能)이 손상된 경우 상표의 식별력이 손상된 것이므로, 피고들의 행위로 인하여 저명상표의 식별력이 손상되었다고 합니다.

그러므로 피고들의 행위가 식별력을 손상하는 부정경쟁행위에 해당한다고 본 고등법원의 판결은 결론적으로는 정당하다는 것입니다."

"이해하기 어려운 부분이 몇 가지 있군요.

저명상표가 상품의 출처를 표시하는 기능이 손상되었다는 것은 무슨 이야기입니까?"

"'Viagra'라는 저명상표가 발기기능장애 치료용 약품의 출처를 표시하는 기능이 손상되었다는 의미이지요. 이 약품의 출처는 'Viagra'라는 저명상표의 상표권자들인 화이자 프로덕츠 인크와 한국화이자제약 주식회사입니다.

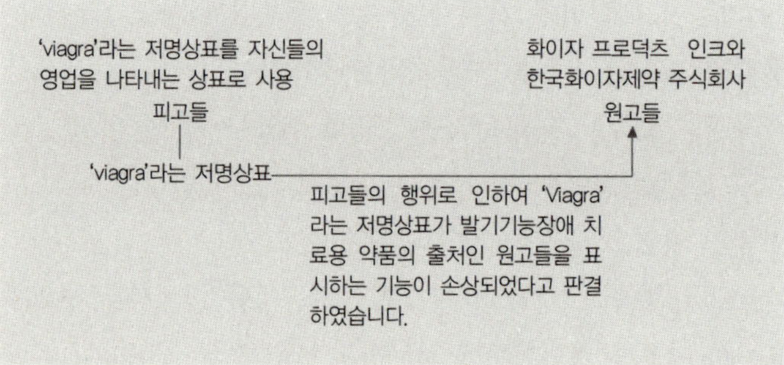

따라서 'Viagra'라는 저명상표가 발기기능장애 치료용 약품의 출처인 화이자 프로덕츠 인크와 한국화이자제약 주식회사를 표시하는 기능이 손상되었다는 의미이지요."

"고등법원 판결에서 살펴

본 '식별력의 손상'과 대법원 판결에서 말하는 '식별력의 손상'의 의미에 차이가 있는 것 같군요."

"서울고등법원은 '식별력의 손상'이란 자타상품(自他商品) 식별기능의 훼손이라는 의미로 생각했습니다. 대법원은 '식별력의 손상'이란 출처를 표시하는 기능이 손상되는 것이라고 합니다.

'Viagra'라는 저명상표는 자타상품(自他商品) 식별기능과 출처표시기능(出處表示機能)을 갖고 있습니다. 즉 이 상표는 발기기능장애 치료용 약품과 다른 상품을 구별하는 기능을 갖고 있음과 더불어 이 약품의 출처를 표시하는 기능을 갖고 있지요. 서울고등법원은 전자의 기능과 관련하여 '식별력의 손상'의 의미를 이야기한 것이며, 대법원은 후자의 기능과 관련하여 '식별력의 손상'이란 의미를 이야기한 것이라고 생각하면 됩니다."

⑥ 검토

"비아그라 사건에서 대법원은 피고들의 행위가 상품주체혼동행위에 해당되지 아니하지만, 'Viagra'라는 상표의 식별력을 손상하게 하는 부정경쟁행위라고 판결하였습니다."

"그렇다면 원고들이 승소한 것입니까?"

"그렇습니다.

원고들의 주장은 피고들의 행위가 상품주체를 혼동시키는 행위이며, 설사 이러한 행위가

이른바 비아그라 사건에 관한 각급 법원의 판결

1999년 지방법원 판결	피고들의 행위가 혼동을 초래하는 부정경쟁행위가 아니며, 현행법 체계 하에서는 희석화에 관한 주장을 받아들일 수 없다는 이유로 원고패소판결을 내렸습니다.
2001년 고등법원 판결	피고들의 행위가 혼동을 초래하는 부정경쟁행위이며, 상표의 식별력을 손상시키는 부정경쟁행위라는 이유로 원고승소판결을 내렸습니다.
2004년 대법원 판결	피고들의 행위가 혼동을 초래하는 부정경쟁행위는 아니지만, 상표의 식별력을 손상시키는 부정경쟁행위라는 이유로 원고승소판결을 내렸습니다.

아니라 하더라도 저명상표의 식별력을 손상시키는 행위이므로, 피고들이 사용하고 있는

'viagra. co.kr' 도메인이름을 말소시킬 수 있는 권리가 있다는 것이었습니다.

대법원은 피고들의 행위가 상품주체를 혼동시키는 행위는 아니라고 판결하였습니다. 그러나 피고들의 행위가 상표의 식별력을 손상시키는 행위이므로, 원고들에게 'viagra.co.kr'도메인이름을 말소시킬 수 있는 권리가 있다고 판결하였습니다.

만약 2001년에 부정경쟁방지법이 개정되지 않았더라면 최종적으로 피고들이 승소하였을 것입니다. 그러나 개정된 부정경쟁방지법이 적용되어 최종적으로 원고들이 승소하게 되었습니다."

"비아그라 사건에서 저명한 상표의 식별력이 손상되었다는 대법원의 판결은 타당한 것입니까?"

"오히려 제가 질문을 드리고 싶군요. 제가 드리는 질문에 대하여 생각해보고 대답을 하신다면 스스로 대법원의 판결이 타당한지 아닌지를 판단하실 수 있게 됩니다."

"잘 생각해보고 대답하도록 하겠습니다."

"두 가지 질문을 드리도록 하지요.

피고들은 'viagra.co.kr'이라는 도메인이름으로 개설한 웹사이트에서 상표권자의 상품이 아닌 건강식품을 판매하였습니다. 상표권자의 'Viagra'라는 저명한 상표와 동일한 용어가 도메인이름으로 사용되었습니다. 이 사건에서 상표권자의 상품인 발기기능치료제와 건강식품을 구별하는 'Viagra'상표의 기능이 감소되었습니까?

많은 사업자들이 상품을 판매하기 위하여 'Viagra'라는 저명한 상표를 아무런 제한 없이 도메인이름에 포함하여 사용하는 것이 타당하다고 생각하십니까?"

　　"상인은 자신의 상품과 타인의 상품을 구별하기 위하여 상표를 이용하는 것입니다. 이 사건에서 상표권자의 상품인 발기기능치료제와 건강식품을 구별하는 'Viagra'상표의 기능이 감소되었습니다.

　　만약 많은 사업자들이 상품을 판매하기 위하여 'Viagra'라는 저명한 상표를 아무런 제한을 받지 아니하고 도메인이름에 포함하여 사용할 수 있다면, 많은 사업자들의 상품과 상표권자의 상품인 발기기능치료제를 구별하는 'Viagra'라는 저명한 상표의 식별기능이 크게 감소됩니다.

　　따라서 피고들의 행위로 인하여 원고가 소유한 저명상표의 식별력이 손상되었다는 판결은 타당하다고 생각됩니다."

　　"합리적으로 자신의 생각을 잘 이야기하셨습니다."

　　"그런데 대법원 판결의 논리를 이해하기 어렵습니다."

　　"대법원 판결의 논리를 정리해보지요.

　　대법원에 따르면 식별력의 손상이란 출처표시기능이 손상되는 것을 의미합니다. 비아그라 사건에서 'viagra.co.kr'이라는 도메인이름 자체가 곧바로 상품의 출처를 표시하는 것은 아니지만, 피고의 영리행위로 인하여 저명상표의 출처표시기능이 손상되었다고 판결하였지요."

　　"정리하신다고 말씀하셨지만, 대법원의 논리가 복잡한 것 같습니다."

　　"전화기마다 번호가 있고, 집에는 주소가 있지 않습니까?

　　도메인이름도 이와 비슷하게 생각할 수 있습니다. 도메인이름은 본래 인터넷으로 연결되는 컴퓨터의 주소이니까요. 본래 상품이나 영업을 나타내는 상표로 사용하기 위하여 도메인이름을 만든 것은 아니었습니다. 대법원은 이러한 본래의 목적에 따라서 도메인이름 자체가 상품의 출처를 표시하는 것은 아니라고 생각했지만, 이 사건에서 결과적으로 상표의 출처표시기 능이 손상되었다고 판단했습니다. 따라서 대법원은 복잡한 논리를 구성한 것입니다.”

“대법원 판결의 논리를 이해하기 어렵군요.”

“당구를 쳐보신 적이 있으십니까?”

“전에는 많이 쳤지만, 지금은 안 칩니다. 갑자기 왜 당구 이야기를 꺼내는지요.”

“당구에 비유해서 고등법원과 대법원의 판결을 살펴보지요.

당구(撞球)란 당구대 위에서 공을 큐(cue)로 쳐서 점수를 겨루는 경기입니다. 당구에는 여러 종목이 있습니다. 그중 4구 게임을 살펴보지요. 적색 공 2개와 흰 공 2개를 사용하여 경기를 합니다. 흰 공 1개는 내 공이 되고, 다른 흰 공 1개는 상대방의 공이 됩니다. 내 공이 상대방의 공에 맞으면 안 됩니다.

내 공을 쳐서 2개의 적색 공에 맞으면 어떻게 됩니까?”

“득점합니다.”

“스리쿠션(three cushions)의 경우는 어떻게 하여야 득점이 됩니까?”

“내 공이 2개의 적색 공을 맞추기 전에 내 공이 3회 이상 당구대의 가장자리에 닿아야만 득점이 됩니다.”

“4구 게임의 원칙적인 득점방법은 내 공을 쳐서 2개의 적색 공을 맞추는 것입니다. 그러나 스리쿠션의 경우에는 내 공이 당구대의 가장차리에 닿은 후에 2개의 적색 공을 맞추어야 득점을 합니다.

4구 게임의 원칙적인 득점방법은 간단하지만, 스리쿠션의 득점방법은 복잡하지요.”

"그런데 고등법원 판결과 대법원 판결이 어떤 점에서 4구 게임과 유사하지요?"

"서울고등법원은 'Viagra'라는 저명상표가 생칡즙이라는 상품에 사용됨으로써 그 상표의 식별력이 손상되었다고 판결하였지요. 서울고등법원은 간명한 논리를 전개하였다는 점에서 4구 게임의 원칙적인 득점방법과 유사하지요.

그러나 대법원은 'viagra.co.kr'이라는 도메인이름 자체가 곧바로 상품의 출처를 표시하는 것은 아니지만, 피고들이 이러한 도메인이름을 이용하여 건강식품을 판매하는 것은 'Viagra'라는 저명상표와 유사한 상표를 영업활동에 사용하는 행위이며, 이처럼 피고들이 저명한 상표를 영업활동에 사용함으로써 'Viagra'라는 저명상표의 출처표시기능이 손상되었다고 판결하였습니다.

대법원 판결은 복잡한 논리를 전개하였다는 점에서 스리쿠션의 득점방법과 비슷합니다."

"당구를 처음 치는 사람들이 스리쿠션을 하기는 매우 어렵습니다. 마찬가지로 법학을 전공하지 않은 사람들이 대법원 판결의 논리를 이해하기 어려울 것 같습니다.

비아그라 사건에서 식별력의 손상에 관한 법원의 논리와 당구의 득점방법과의 비교

고등법원 판결	저명상표가 생칡즙이라는 상품에 사용됨으로써 그 상표의 식별력이 손상되었다고 판결하였습니다.
	간명한 논리를 전개하였다는 점에서 4구 게임의 원칙적인 득점방법과 유사합니다.
대법원 판결	도메인이름 자체가 곧바로 상품의 출처를 표시하는 것은 아니지만, 피고들의 행위는 저명상표와 유사한 상표를 영업활동에 사용하는 행위이며, 이러한 피고들의 영리행위로 인하여 저명상표의 출처표시기능이 손상되었다고 판결하였습니다.
	복잡한 논리를 전개하였다는 점에서 스리쿠션의 득점방법과 비슷합니다.

대법원 판결보다는 고등법원 판결이 이해하기 쉬운데, 고등법원 판결에 문제가 있습니까?"

"그렇지는 않다고 생각되는군요.

운영자가 영리를 목적으로 웹사이트를 운영하느냐, 그러하지 않느냐에 따라 도메인이름의

기능을 구별할 필요가 있습니다. 웹사이트가 영리를 목적으로 운영되는 경우에는 도메인이름이 상호나 상표의 역할을 할 수 있습니다.

비아그라 사건에서 피고들은 영리를 목적으로 사이트를 운영한 것이지요. 그렇다면 피고들이 'Viagra'라는 저명상표를 자신들의 건강식품을 나타내는 상표로 이용한 행위로 판단할 수 있겠지요. 이렇게 생각한다면 고등법원의 판결과 논리적으로 일치하게 되는 것입니다. 이 사건에서 저명상표의 식별력이 손상되었다는 대법원 판결과 결론적으로는 동일합니다. 그러나 결론에 도달하기 위한 과정이란 측면에서는 대법원 판결보다 간명한 방법이지요."

"대법원이 이해하기 쉽게 판결하였더라면 좋았을 것이라는 생각이 드는군요."

"사람들은 사회생활을 유지하기 위하여 법을 만들었습니다. 법은 우리가 지켜야할 중요한 약속이라고 할 수 있지요. 그러나 어떤 내용의 약속을 하였는지 잘 모르면 그 약속을 지키기가 어렵겠지요. 따라서 국회의원들은 사람들이 이해하기 쉬운 법률을 제정하도록 노력할 필요가 있으며, 법관들도 가능하다면 사람들이 이해하기 쉽게 판결을 내려야겠지요."

"그런데 웹사이트가 영리를 목적으로 운영되는 것이 아닌 경우에는 도메인이름이 상호나 상표의 역할을 할 수 없다는 말입니까?"

"대부분의 경우에는 그렇게 되겠지요.

그러나 도메인이름을 양도하는 대가로 금전을 요구하는 행위에 대해서는 자세하게 검토해볼 필요가 있습니다."

❹ 이른바 롤스로이스 사건

① 서언

"이른바 롤스로이스 사건에서는 도메인이름의 양도에 대한 대가로 금전을 요구하는 행위는 도메인이름을 상업적으로 사용한 것이냐에 관하여 다루고 있습니다."

"어떠한 사건이었는지요?"

"원고 롤스로이스 피엘씨(ROLLS-ROYCE PLC)는 피고가 도메인이름의 양도에 대한 대가로 금전을 요구하였으며, 피고의 행위가 법률에 위반되는 행위라고 주장하였습니다."

"롤스로이스란 말은 여러 번 들어봤지만, 피엘씨라는 말은 처음 들어봅니다. 무슨 이야기입니까?"

"대법원은 PLC를 우리 말로 읽는 방식에 따라서 피엘씨라고 기재하였습니다. PLC는 Public Limited Company의 약자입니다. Public Limited Company란 말을 쉽게 이야기한다면 공개유한책임회사(公開有限責任會社) 정도로 번역할 수 있습니다. 공개적으로 주식이 거래되며, 주주가 유한책임을 부담하는 주식회사로 이해하면 되겠습니다."

"사건에 대하여 좀 자세하게 알고 싶네요."

"원고 롤스로이스 피엘씨는 자동차, 항공기 및 관련 부품을 제조하여 'ROLLS-ROYCE'라는 상표를 이용하여 판매하는 영국 법인입니다. 원고는 한국에서 'ROLLS-ROYCE', 'ROLLS ROYCE' 등을 상표로 등록하였습니다. 원고의 상표는 오랜 기간 동안 자동차 분야에서 우수한 품질의 제품을 판매함으로써 세계적으로 유명한 업체로 성장한 원고의 영업 또는 그 상품을 지칭하는 상표로서 우리나라에서도 널리 알려져 있습니다.

피고는 'rolls-royce.co.kr'이라는 도메인이름으로 된 웹사이트를 운영하고 있었습니다. 이 웹사이트에는 PROFILE, 항공기, 특허정보, 구매관련, 게시판의 항목을 두고 있었습니다. 이 사이트에는 배너광고가 없으며, 모든 정보는 무료로 운용되고 있었습니다."

② 고등법원의 판결[24]

"원고는 피고의 행위가 민법, 상법, 상표법, 부정경쟁방지법 등에 위반되는 행위라고 주장하였습니다."

"다양하게도 자신의 권리를 주장했군요."

"그러나 부산고등법원은 원고의 주장 모두를 받아들이지 아니하였습니다."

"판결의 중요한 부분만 살펴보면 좋겠군요."

"부정경쟁방지법상 영업주체의 혼동과 식별력의 손상에 관하여 살펴보겠습니다.

고등법원은 저명한 상호나 상표를 영리적으로 사용하는 경우 부정경쟁방지법상 상품주체 혼동행위와 영업주체 혼동행위를 방지하기 위한 규정이 적용된다고 합니다. 그러나 피고가 'rolls-royce.co.kr'이란 도메인이름으로 운용하고 있는 웹사이트의 내용이 원고의 상호나 상표 등을 영리 또는 상업적으로 사용하고 있지 아니하므로, 영업주체가 혼동될 위험이 있다고 보기 어렵다고 판결하였습니다.

또한 원고는 피고가 판매할 의도를 가지고 'rolls-royce.co.kr'이라는 도메인이름을 무단점유하였고, 실제로 피고는 도메인이름을 원고에게 양도하는 대가로 수십만 달러를 요구하고 있

24 부산고등법원 2001. 7. 27. 선고 2000나13078 판결.

다고 주장하였습니다. 이러한 피고의 행위는 피고가 금전적인 이익을 얻기 위하여 원고의 상표를 먼저 등록하는 행위와 동일하므로, 피고의 행위는 타인의 저명한 상표를 영리의 목적으로 사용한 행위라는 것입니다.

그러나 이러한 원고의 주장에 대하여 고등법원은 법정에 제시된 증거만으로는 피고가 도메인이름을 판매하기 위해 무단점유하였다고 인정하기에 부족하다고 판단하였습니다."

③ 대법원의 판결[25]

"원고가 패소하였군요."

"패소판결을 받은 원고는 상고를 제기하였습니다."

"대법원은 어떻게 판결하였습니까?"

"대법원은 2004년 2월 원고패소판결을 내렸습니다.

대법원은 저명한 상호나 상표를 영업(營業)과 관련하여 사용하는 경우 부정경쟁방지법상 영업주체 혼동행위를 방지하기 위한 규정이 적용된다고 합니다. 또한 저명한 상호나 상표를 상업적(商業的)으로 사용하는 경우 부정경쟁방지법상 식별력이나 명성의 손상을 방지하기 위한 규정이 적용된다고 합니다.

대법원은 도메인이름의 양도에 대한 대가로 금전을 요구하는 행위는 도메인이름을 상품 또는 영업을 표시하는 상호 또는 상표로 사용한 것이 아니라고 판단하고 있습니다. 따라서 피고의 행위가 부정경쟁방지법상 영업주체의 혼동행위 또는 식별력 또는 명성의 손상행위에 해당하지 아니한다고 합니다."

---

25 대법원 2004. 2. 13. 선고 2001다57709 판결.

④ 부정경쟁방지법의 개정

"간명하게 정리하면 롤스로이스 사건에서 대법원은 도메인이름의 양도에 대가를 요구하는 행위는 도메인이름을 상업적으로 사용하는 행위가 아니라고 판결하였습니다."

"그렇군요.

앞으로도 유사한 사건이 있으면 이 판결이 적용되겠군요."

"그럴 것 같지는 않습니다. 왜냐하면 이 사건과 관련된 부정경쟁방지법의 규정이 2004년 1월 개정되었습니다. 개정된 규정은 공포 후 6개월이 경과한 날로부터 시행되고 있습니다.

개정된 부정경쟁방지법에 따르면 정당한 권원이 없는 자가 상표나 상호를 상표권자 또는 상호권자에게 판매할 목적 그 밖의 상업적 이익을 얻을 목적으로 국내에 널리 인식된 타인의 상호 또는 상표와 동일하거나 유사한 도메인이름을 등록하거나 이전하는 행위가 규제됩니다(2조1호아목). 사이버스쿼팅을 규제하려는 취지의 규정이지요."

"사이버스쿼팅이란 무엇인가요."

"통상 사이버스쿼팅(Cybersquatting)이란 상표권자가 아닌 자가 유명한 상표와 동일하거나 유사한 도메인이름을 등록한 후 그 도메인이름을 상표권자나 가장 높은 가격을 제시하는 자에게 매도하려는 행위를 말합니다."

"개정된 규정에 따르면 사이버스쿼팅이 규제되는군요."

"그렇습니다.

개정된 규정에 따르면 상표권자에게 도메인이름을 판매하려는 행위가 상업적 이익을 얻기 위한 행위가 될 수 있습니다. 따라서 이 규정이 없었을 때와 비교한다면 이 규정이 신설됨으로써 사이버스쿼팅을 규제하는 것이 용이하게 됩니다."

"앞에서 살펴본 롤스로이스 사건에서는 이러한 규정에 관한 언급이 없었는데요."

"대법원은 2004년 2월 롤스로이스 사건에 관하여 판결하였습니다. 이 규정이 시행되기 이전에 판결한 것이요."

"어찌되었든 머리가 헷갈리는군요.

대법원은 2004년 2월 도메인이름의 양도에 대가를 요구하는 것은 도메인이름을 상업적으로 사용하는 것이 아니라고 판결하였습니다. 그러나 2004년 1월 개정된 부정경쟁방지법에 따르면 상표권자에게 도메인이름을 판매하는 행위가 상업적 이익을 얻기 위한 행위가 될 수 있다는 것이지요?"

"도메인이름을 매도하는 행위가 상업적 행위가 될 수 있느냐에 대하여 설명을 드리지요. 운영되는 웹사이트의 성격, 도메인이름의 매도 제의, 많은 도메인이름의 등록, 도메인이름의 등록비용과 양도요구액의 차이 등을 종합적으로 고려하여 상업적 이용 여부를 판단할 필요가 있습니다.

만약 어떤 사람이 상표권자에게 매도하기 위하여 저명한 상표와 동일하거나 유사한 수십 개 또는 수백 개의 도메인이름을 등록하고, 상표권자에게 매수할 것을 제안하는 경우를 생각해보지요. 이러한 경우에는 상업적인 이익을 얻기 위하여 도메인이름을 매도하려는 행위겠지요. 따라서 도메인이름의 양도에 관한 대가를 요구하는 행위는 경우에 따라 도메인이름을 상업적으로 이용하려는 행위가 될 수 있습니다.

"그렇다면 2004년 개정된 부정경쟁방지법이 이 사안에서 적용되었다면 원고가 승소할 수 있었겠네요."

"아마도 그러하지는 않았을 것 같습니다."

"아니! 조금 전에는 분명히 도메인이름을 매도하려는 행위가 도메인이름을 상업적으로 이용하려는 행위가 될 수 있다고 하셨잖아요."

"물론 그렇게 말했지요.

그러나 도메인이름을 매도하려는 행위가 도메인이름을 상업적으로 이용하려는 행위가 될 수 있느냐는 것과 롤스로이스 사건에서 피고의 행위가 도메인이름을 상업적으로 이용하려는 행위이었느냐는 다른 문제입니다.

이 사건에서 피고가 상업적 이익을 얻을 목적으로 도메인이름을 등록하였거나 매도하려고 하였느냐를 판단할 필요가 있습니다. 물론 원고는 피고가 판매하여 상업적 이익을 얻을 목적으로 도메인이름을 무단점유하였고, 실제로 피고는 도메인이름을 원고에게 양도하는 대가로 수십만 달러를 요구하고 있다고 주장하였습니다.

그러나 고등법원은 이 사건에서 피고가 도메인이름을 판매하기 위해 무단점유하였다고 인정하기 어렵다고 판단하였습니다. 이러한 판단에 따른다면 피고가 판매할 목적으로 국내에 널리 인식된 타인의 상호와 동일하거나 유사한 도메인이름을 등록하였다고 보기는 어렵습니다. 따라서 개정된 부정경쟁방지법의 조문을 적용했었더라도 원고가 승소하기는 어려웠을 것 같습니다."

❺ 물의 흐름과 법

"법은 계속 바뀌고 있습니다. 특히 도메인이름에 관련된 법은 다른 분야의 법에 비하여 빠르게 변화하고 있습니다."

"바뀌지 않고 고정적이라면 이해하기가 훨씬 쉬울 것 같은데요."

"물론 그렇겠지요. 그러나 세상만사가 항상 고정적일 수는 없겠지요. 물이 한 자리에 고정되지 않고 계속 흘러가듯이 법도 계속 변화하지요."

"갑자기 왜 물 이야기를 하시나요?"

"법(法)이란 것을 한자로 풀어본다면 물[水]이 흘러가는 것[去]이지요.

소나기가 와서 시냇물이 되고, 강에 흐르고 바닷물이 되었습니다. 시냇물, 강물 그리고 바닷물의 공통점은 무엇일까요?"

"시냇물, 강물 그리고 바닷물 모두가 물이지요."

"그렇습니다.

그러면 다른 점은 무엇일까요?"

"글쎄요."

"쉽게 생각해 보시지요.

시간이 흐르면서 어떻게 진행되었는지를 이야기해 보시면 됩니다. 처음에 소나기가 와서 시냇물이 되었지요. 그리고 시냇물은 강물이 되었지요. 결국은 바다에 도착했습니다."

"시간이 흘러가면서 물의 양이 많아졌습니다."

"시간이 경과하면서 법적으로 상표권의 보호범위가 확장되는 것을 볼 수 있습니다.

부정경쟁방지법 중 상표권의 보호범위에 관한 규정을 살펴보지요. 2001년 부정경쟁방지법이 개정되기 이전에는 혼동방지규정을 적용하여 상표권을 보호하고 있었습니다. 2001년 개정된 부정경쟁방지법에 따르면 타인의 상호나 상표의 식별력이나 명성을 손상하게 하는 행위도 부정경쟁행위가 됩니다. 2004년 개정된 부정경쟁방지법에 따르면 상표를 상표권자에게 판매할 목적 그 밖의 상업적 이익을 얻을 목적으로 국내에 널리 인식된 타인의 상표와 동일하거나 유사한 도메인이름을 등록하거나 이전하는 행위도 규제됩니다.

　　시간이 흘러가면서 상표권의 보호에 관한 규정이 어떻게 추가되었는지 정리해보시겠습니까?"

부정경쟁방지법의 개정과 상표권의 보호 범위

부정경쟁방지법의 개정	상표권의 보호 범위
2001년 개정 이전	혼동방지규정에 의하여 상표권 보호
2001년 개정	혼동방지규정과 손상방지규정에 의하여 상표권 보호
2004년 개정	혼동방지규정, 손상방지규정 및 사이버스쿼팅방지규정에 의하여 상표권 보호

"2001년 부정경쟁방지법이 개정되기 이전에는 혼동방지규정에 의하여 상표권을 보호하였습니다. 2001년 부정경쟁방지법이 개정되면서 혼동방지규정과 손상방지규정에 의하여 상표권을 보호하게 됩니다. 2004년 부정경쟁방지법이 개정되면서 혼동방지규정, 손상방지규정 및 사이버스쿼팅방지규정에 의하여 상표권을 보호하고 있습니다."

(2) P2P와 저작권

❶ 서

어느 날 유선(劉禪)이 컴퓨터를 이용하여 좋아하는 노래를 들으면서 따라 부르고 있었다. 유비가 궁금하여 물어보았다.

"어떻게 음악을 듣는 것이냐?"

"P2P를 이용하여 음악파일을 다운받은 다음에 음악을 듣지요."

"……."

영어를 잘 알지 못하는 유비는 아들에게 물어보기에는 아버지로서의 자존심이 상하여 더 이상 질문하지 않았다.

그러다 신문을 보니 소리바다의 개발자인 양씨 형제에 관한 기사가 있어 읽어보게 되었다. 양씨 형제가 P2P 방식의 파일교환 프로그램인 소리바다를 개발해서 사이트를 운영하였으며, 민사사건에 관한 항소심법원이 2005년 1월 양씨 형제가 저작권의 침해에 대한 책임을 져야 한다는 판결을 내렸다는 기사였다.

자세한 내용을 알지 못한 유비는 궁금한 것을 참지 못하여 제갈공명에게 물으러 갔다.

"공명선생, P2P란 말이 도대체 무엇입니까?"

"기존의 네트워크 방식이 서버 대 개인방식을 의미하는 데 비하여, P2P(Peer-to-Peer) 방식이란 개인 대 개인 방식이란 의미입니다. 기존의 네트워크 방식에서는 이용자가 중앙서버에 접속하여 그 서버 안에 저장된 정보를 받게 됩니다. 우리 촉나라인터넷 주식회사에서도 서버를 통하여 게임을 이용하기 위한 파일을 이용자들에게 제공하고 있지 않습니까? 촉나라인터넷 주식회사의 서버를 통하여 이용자들이 서버에 저장된 게임에 관한 파일을 다운받는 것을 서버 대 개인이란 방식을 의미하지요.

이에 비하여 P2P 시스템은 이용자들이 자신의 하드디스크에 저장하고 있는 파일을 상호간 직접 공유할 수 있도록 하는 네트워크 방식입니다. P2P 방식은 이용자의 컴퓨터가 서버의 역할을 겸하도록 함으로써 이용자들이 직접 파일을 주고받을 수 있는 방식을 말하지요. 만약에 이용자들이 서로 촉나라인터넷 주식회사의 게임에 관한 파일을 교환하게 된다면 P2P 방식을 통하여 파일을 교환하는 것입니다.

P2P 네트워크방식은 다양합니다. 크게 두 가지로 나누어본다면 이용자들이 중앙서버에 접속한 후 파일을 교환하는 하이브리드(Hybrid)형 P2P 방식과 이용자들이 중앙서버에 접속하지 않고도 파일을 교환할 수 있는 순수(Pure)형 P2P 방식이 있습니다."

"그렇다면 소리바다의 개발자인 양씨 형제는 어떠한 방식의 P2P를 개발하여 서비스한 것입니까?"

❷ 소리바다 서비스의 이용방법

"양씨 형제는 국내 가요 음악파일을 쉽게 공유할 수 있는 국산 음악파일 공유프로그램을 제작하고, 2000년 5월부터 소리바다의 명칭으로 'www.soribada.com' 사이트에서 P2P방식의 MP3 음악파일 공유서비스를 제공하였습니다. 2003년 11월 주식회사 소리바다를 설립하고 2005년 4월 현재에는 소리바다 3을 운영하고 있습니다."

"소리바다 3이 어떠한 방식의 P2P인지 궁금하군요."

"2005년 1월의 항소심법원의 판결은 2002년 7월 가처분결정이 있었던 당시의 소리바다 서비스와 관련하여 양씨 형제가 저작권을 침해하였느냐에 관하여 판결한 것입니다. 따라서 그 당시의 소리바다 서비스가 어떠한 방식의 P2P이었는가를 알아야겠지요."

"그럼 그 때 소리바다 서비스가 어떤 방식인지를 말씀해주시지요."

"그 당시의 소리바다 서비스의 이용방법을 살펴보지요. 이용자들이 음악파일을 공유하기 위해서는 'www.soribada.com' 사이트에서 소리바다 프로그램을 다운받아 자신의 컴퓨터에 설치하고, 소리바다의 회원으로 등록하여야 합니다. 소리바다 프로그램의 설치화면에는 음악파일의 합법 여부에 대해서는 알 수 없으므로 저작권을 준수해야 하는 것은 사용자의 몫이라는 취지의 경고문이 포함되어 있었습니다.

소리바다 이용자가 공유 폴더와 다운로드 폴더를 지정한 후 소리바다의 중앙 서버에 접속하면 그 서버는 다른 모든 이용자들의 IP주소를 그 이용자에게 송신합니다. 원하는 음악파일을 찾기 위해 검색을 하면 소리바다 프로그램은 다른 소리바다 이용자들에게 해당 검색어를 송신하지요. 다른 이용자들의 소리바다 프로그램은 검색어와 일치하는 파일을 발견하면 그 정보를 요청자의 컴퓨터로 송신하게 됩니다. 요청자의 소리바다 프로그램은 응답받은 파일정보를 재구성하여 검색결과 리스트를 보여줍니다. 요청자가 검색결과 리스트 중에서 원하는 파일을 선택하면 요청자의 컴퓨터는 파일이 보관되어 있는 제공자의 컴퓨터와 1:1로 연결되어 파일을 다운로드받게 됩니다.

소리바다의 중앙서버에는 이용자들의 IP주소가 보관되어 있을 뿐이고 음악 파일 자체나 파일의 목록도 보관되어 있지 않았습니다. 따라서 양씨 형제는 이용자들이 실제로 공유하고 있는 음악 파일의 구체적 내용을 확인할 수는 없었습니다. 다만 서비스 운영상태를 점검하는 차원에서 매일 1, 2회 가량 다른 소리바다의 이용자들과 같은 방법으로 소리바다 서비스에 접속하여 이용상황을 확인하였습니다."

"이야기가 복잡한데 양씨 형제가 음악파일을 다운받았다는 것입니까? 소리바다 이용자들

이 음악파일을 다운받았다는 것입니까?"

"소리바다 이용자들이 음악파일을 다운받았지요.

양씨 형제는 'www.soribada.com' 사이트에서 음악파일을 공유하기 위한 소프트웨어를 제공하였으며, 이용자들의 IP주소를 제공하였습니다. 그로 인해 이용자들은 좋아하는 음악파일을 검색한 후 그 파일을 다운로드받을 수 있었던 것이지요."

"그렇다면 양씨 형제가 직접 음악파일을 다운받은 것이 아닌데 왜 양씨 형제를 상대로 소송을 제기한 것입니까?"

"매우 많은 사람들이 P2P 방식을 통하여 음악파일을 공유하였답니다. 소리바다 서비스에 등록한 회원수는 약 450만 명이고, 하루 평균 소리바다 서비스를 이용하는 접속자의 수는 약 30만 명이며, 동시에 접속하고 있는 이용자의 수도 5,000명 이상이었답니다.

국내 음반시장은 1999년에는 3,800억 원의 시장규모에서 2000년에는 4,104억 원의 시장규모로 성장하였으나, 2001년에는 3,733억 원으로 감소하였습니다. 사단법인 한국음악저작권협회가 관리하는 국내 가요 10여만 곡 중 방송에 소개되고 있던 7,106곡을 선정한 뒤 용역을 주어 2002년 6월 28일부터 2002년 7월 7일까지 소리바다 서비스를 통해 음악파일이 복제 전송되는 실태를 조사한 결과 위 곡 중 약 70%에 해당되는 5,002곡에 대해 파일의 복제전송이 이루어진 사실이 확인되었다고 합니다.

음반회사와 음악저작권협회가 매우 많은 이용자들에게 저작권의 침해에 대한 직접적인 책임을 추궁하는 것은 현실적으로 어렵습니다. 음반회사와 음악저작권협회는 직접적인 저작권의 침해행위와 관련된 온라인서비스제공자(Online Service Provider)인 양씨 형제에게 책임을 추궁하게 되었습니다."

"그렇다면 양씨 형제가 저작권 침해에 대한 책임을 지게 되는 것입니까?"

"그 이야기는 매우 복잡합니다.

소리바다 사건과 관련하여 세 가지 종류의 소송이 제기되었습니다. 저작권을 신탁받은 사단법인 한국음악저작권 협회가 손해배상청구소송을 제기하였으며, 저작인접권자인 음반회사들은 양씨 형제를 상대로 음반복제 등 금지가처분을 신청하였으며, 검찰청에 고소장을 접수하였습니다.

손해배상청구권소송은 저작권 침해에 대하여 금전적 보상을 해달라는 것이며, 고소장을 접수한 이유는 양씨 형제를 처벌해달라는 것입니다. 음반회사들은 이 사건에 관하여 판결이 확정될 때까지 소리바다서비스를 통하여 음악파일을 공유하고 있는 상황을 방치하면 음반회사가 현저한 손해를 당할 염려가 있기 때문에 잠정적으로 소리바다 서비스를 위하여 운영중인 서버를 중단시켜 달라는 가처분신청을 한 것입니다.

이러한 소송과 관련하여 2005년 1월까지 7개의 판결이 선고되었습니다.[26] 세 가지 종류의 소송에 대한 상고심이 2005년 7월 현재 대법원에 계류되어 있습니다."

"소리바다 사건은 복잡한 사건인 것 같군요."

"먼저 소리바다 서비스 이용자들의 저작권 침해 여부에 대하여 살펴보겠습니다."

❸ 소리바다 이용자들의 저작권 침해 여부

"소리바다 서비스의 이용자들은 다른 이용자의 컴퓨터에 접속하여 복제된 음악파일을 자

---

[26] 가처분과 관련하여 수원지방법원 2002. 7. 9. 선고 2002카합77결정, 수원지방법원 2003. 2. 14. 선고 2002카합284 결정 및 서울고등법원 서울고등법원 2005. 1. 12. 선고 2003나21140 판결이 내려졌습니다. 손해배상과 관련하여 수원지방법원 성남지원 2003. 10. 24. 선고 2003가합857 판결, 서울고등법원 2005. 1. 25. 선고 2003나80798 판결이 내려졌습니다. 그리고 형사사건과 관련하여 서울중앙지방법원 2003. 5. 15. 선고 2001고단8336 판결, 서울중앙지방법원 2005. 1. 12. 선고 2003노4296 판결이 내려졌습니다.

신의 컴퓨터에 다운받아 저장하였습니다. 이에 관하여 양씨 형제는 소리바다의 이용자들이 음악파일을 공유한 것은 사적 이용(私的利用)을 위한 복제라고 주장했습니다."

"사적 이용을 위한 복제란 무슨 이야기입니까?"

"복제하는 자에게 영리의 목적이 없으며, 저작물의 이용범위가 개인적 이용이나 가정 및 이에 준(準)하는 한정된 범위로 국한되는 경우 저작권법에서 허용하는 사적 이용에 해당됩니다(저작권법27조). 저작권법에 따르면 사적 이용을 위하여 복제하는 경우에는 저작권을 침해하는 것이 아닙니다.

사적 이용을 위하여 복제하는 예를 들어 보지요. 동생이 음악 CD를 구입하여 음악을 듣고 있었습니다. 언니는 그 음악이 마음에 들어서 나중에 혼자 있을 때 듣기 위하여 그 CD를 복제하여 자기의 컴퓨터에 저장하였습니다. 언니에게는 영리의 목적이 없으며, 저작물의 이용범위가 가정이란 범위로 국한되지요. 이러한 경우 사적 이용을 위한 복제이므로, 저작권을 침해하는 것이 아닙니다."

"사적 이용의 복제에 관한 양씨 형제의 주장내용을 알고 싶군요."

"양씨 형제는 소리바다 이용자들은 대부분 인터넷상에서 음악을 감상할 개인적인 목적으로 MP3 파일을 다운로드 받았고, 저장된 MP3 파일은 개인용 PC에서 재생되어 음악을 감상하기 위하여 이용될 뿐이라고 주장하였습니다. 음악파일을 공유한 소리바다의 이용자들에게 영리의 목적이 없으며, 음악파일의 이용범위가 개인적 이용으로 국한되므로, 소리바다 이용자들의 행위는 저작권법에서 허용하고 있는 사적 이용에 해당된다는 것이지요.

"소리바다 이용자들의 행위가 사적 이용을 위한 복제라는 주장에 대하여 법원은 어떻게 판단하였습니까?"

"항소심법원 모두가 소리바다의 이용자들이 저작권자와 저작인접권자들의 복제권을 침해하였다고 판결하였습니다. 소리바다 서비스의 이용자들이 다른 이용자의 컴퓨터에 접속하여 복제된 음악파일을 자신의 컴퓨터에 다운받아 저장하는 행위는 음반제작자의 복제권을 침해하는 행위가 된다는 것입니다."

"왜 항소심법원들은 그렇게 판결하였지요?"

"항소심법원들은 소리바다 이용자들이 음악파일을 복제한 행위는 한정된 범위에서 저작권 있는 음악파일을 이용한 것이 아니라고 판단한 것입니다. 하루 평균 소리바다 서비스를 이용하는 접속자의 수가 약 30만 명이며, 동시에 접속하고 있는 이용자의 수도 5,000명 이상이며, 파일을 교환하는 소리바다 이용자들이 별다른 유대관계가 없기 때문에 한정된 범위에서 음악파일을 복제한 것이 아니라고 판단한 것이지요."

"그래서 양씨 형제가 저작권을 침해하였다고 판결한 것입니까?"

"저작권을 침해하였는지, 아니하였는지를 단언하기는 곤란합니다. 민사사건에 관한 항소심법원들은 양씨 형제가 저작권 침해에 대한 책임을 져야 한다고 판결하였지만, 형사사건에 관한 항소심법원은 저작권 침해에 대한 책임을 지지 아니한다고 판결하였답니다.

더구나 대법원에 이 사건들에 대한 상고심이 계류되어 있어 아직 이 사건에 관한 법원의 최종적인 판결이 나오지 않았습니다."

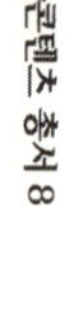

❹ 민사사건에서 소리바다 운영자의 책임

"민사사건에서 항소심법원들은 2005년 1월 양씨 형제가 방조(幇助)에 의한 불법행위책임을 진다고 판결하였습니다."

"아니, 부처님의 법을 도와주는 행위를 했는데 무슨 책임까지 져야 합니까?"

"불법(佛法)이 아니라 불법(不法)을 말하는 것입니다. 법에 위반된다는 불법을 말하는 것이지요. 소리바다의 이용자들이 저작권을 침해했고, 양씨 형제가 저작권을 침해하는 행위를 도와준 것이니 그에 관한 책임을 져야 한다는 것이지요.

법원은 양씨 형제가 소리바다 서비스를 통해서 이용자들에 의한 저작권 침해행위가 발생되리라는 사정을 미필적(未必的)으로나마 인식하고 있었다고 판단하였습니다. 또한 법원은 양씨 형제가 소리바다 프로그램 설치화면에 형식적인 경고문을 게재하는 외에는 사용자들의 저작권 침해행위를 방지할 만한 합리적인 조치를 취하지 않았으며, 이용자들이 음악파일을 공유하기 위한 소프트웨어를 제공하였으며, 이용자들이 음악파일을 공유하기 위해서 필수적인 소리바다 서버를 운영하였다고 판단하였습니다. 따라서 법원은 양씨 형제가 이용자들의 저작권 침해행위가 용이하게 도와주었으므로, 저작권의 침해에 대한 방조책임을 부담한다고 판결하였습니다."

"그러나 양씨 형제가 저작권의 침해를 용이하게 방지할 수 있었을까요?"

"양씨 형제는 소리바다 서비스 이용자들의 저작권 침해행위를 방지할 수 있는 기술적 수단이 전혀 없어 2003년 7월부터 시행된 온라인서비스제공자의 면책조항(免責條項)에 따라 책임이 면제된다고 주장하였습니다.”

“온라인서비스제공자의 면책조항이란 무엇인가요?”

“이 조항에 따르면 온라인서비스제공자가 저작권이 침해되는 것을 알고 이를 중단시키고자 하였으나, 기술적으로 불가능한 경우 온라인서비스제공자의 책임이 면제됩니다(저작권법 77조2항).”

“그 주장에 대하여 법원은 어떻게 판결하였습니까?”

“법원은 이 규정이 양씨 형제의 소리바다 서비스로 인한 저작권 침해행위가 있은 후에 신설된 조항이라서 이 사건에 직접 적용되는 것이 아니라고 하였습니다.

또한 양씨 형제들이 음악 파일의 공유를 위한 기술적 조치를 적극적으로 취하였지만, 저작권 침해 문제에 대해서는 형식적인 경고문 이외에 아무런 효과적인 방지노력을 취한 바 없다고 하였습니다. 오히려 이용자들이 음악파일을 다운받기 위해서는 소리바다의 중앙서버에 접속해야만 하므로, 양씨 형제들이 소리바다 시스템의 운영상태를 수시로 점검하면서 저작권을 침해하고 있는 이용자를 발견하여 그 사용자 아이디로 접속하는 것을 거부함으로써 저작권을 침해하는 음악파일의 공유를 제한할 수 있다고 판단하였습니다.”

❺ 형사사건에서 소리바다 운영자의 책임

“민사사건과 달리 형사사건에서 법원은 양씨 형제가 저작권 침해에 대한 책임을 지지 아니한다고 판결하였답니다. 1심법원에서는 공소를 기각하는 판결을 하였으며, 항소심법원에서는 소리바다 운영자인 양씨 형제가 저작권 침해에 대한 책임을 지지 아니한다고 판결하였

습니다."

"왜 1심법원에서는 공소를 기각하는 판결을 한 것입니까?"

"검찰은 소리바다의 운영자들이 이용자들의 저작권 침해를 방조한 혐의로 공소를 제기하였습니다. 소리바다의 운영자들이 방조범(幇助犯)이라는 것이지요. 공소장(公訴狀)에 방조범에 관한 구체적인 사실은 물론이며, 정범(正犯)에 관한 구체적인 사실도 기재하여야 합니다. 그러나 공소장에는 정범이 언제, 누구에게, 어떻게 저작인접권을 침해하였는지에 관하여 아무런 기재가 없었습니다. 공소장에 정범의 범죄에 관한 구체적 사실이 기재되어 있지 아니하여서, 공소장이 무효라는 것이지요.

1심법원은 정범에 관한 공소사실(公訴事實)이 구체적으로 기재되지 아니하여 공소를 기각하는 판결을 내렸습니다."

"검찰은 항소하였습니까?"

"그렇습니다.

검찰은 공소장을 변경하여 정범들 5명의 성명, 프로그램의 설치와 음악파일을 다운받은 시기와 장소, 다른 소리바다의 이용자들이 이 파일을 다운로드받아 갈 수 있도록 제공한 시기 등을 구체적으로 기재하였습니다."

"항소심법원은 정범들의 행위에 대하여 어떻게 판결하였습니까?"

"항소심법원은 정범들이 음악파일을 다운로드받아 자신의 컴퓨터에 저장하는 행위는 복제에 해당되고, 파일의 공유행위가 광범위하게 이루어졌다고 판단하였습니다. 정범들이 한정된 범위 안에서 음악파일을 이용하기 위하여 복제한 것이 아니기 때문에, 정범들이 복제권을 침해하였다고 판결하였습니다.”

“그렇다면 항소심법원은 소리바다 운영자들이 방조범으로서 형사책임을 져야 한다고 판결하였겠네요.”

“아닙니다.

항소심법원은 양씨 형제가 정범의 저작권 침해에 대한 책임을 지는 것은 아니라고 판결하였습니다.”

“왜 그렇게 판결하였는지 궁금합니다.”

“항소심법원은 소리바다 서비스 자체를 저작권 침해의 목적으로 제작된 불법적인 도구라고 단정지을 수 없으며, 현재 소리바다 서비스의 이용실태만을 근거로 불법적인 음악파일의 유통이 소리바다 서비스의 핵심적인 용도라고 보기 어렵다고 하였답니다.

또한 소리바다 이용자들 간에 불법적인 음악파일이 다운로드 되고 있다는 것을 양씨 형제가 추상적으로나마 인식하고 있었던 것은 사실이지만, 이러한 인식만으로는 양씨 형제가 복제권 침해행위를 방지해야할 의무가 발생하는 것은 아니라고 합니다. 저작권자로부터 통지를 받아 구체적으로 저작권이 침해되었다는 것을 실제로 알게 되었을 때 비로소 저작권 침해행위를 방지할 의무가 생긴다고 합니다. 저작권 침해행위에 관한 통지를 받지 못하여 구체적으로 저작권이 침해된 것을 알 수 없었기 때문에 양씨 형제가 복제권의 침해행위를 방지해야할 법적 의무가 발생하는 것은 아니라고 합니다.”

“설명을 듣고 보니 항소심법원의 판결에 차이가 있는 것 같네요.”

“그렇습니다.

　민사사건에 관한 항소심법원의 판결에 따르면 양씨 형제가 저작권 침해에 대한 책임을 져야 하지만, 형사사건에 관한 항소심법원의 판결에 따르면 양씨 형제가 저작권 침해에 대한 책임을 부담하지 않게 됩니다."

❻ 저작권의 침해에 대한 구체적인 인식 여부

"어째서 동일한 사건에 관하여 그와 같이 엇갈린 판결이 내려진 것입니까?"

"민사사건에 관한 항소심법원은 양씨 형제가 소리바다 이용자들에 의하여 저작권이 침해되리라는 것을 미필적으로는 인식하고 있었으므로, 이용자들의 저작권 침해에 대하여 책임을 져야 한다고 판결하였습니다.

　그러나 형사사건에 관한 항소심법원은 양씨 형제가 구체적으로 저작권이 침해된 것을 몰랐기 때문에, 소리바다 이용자들의 저작권 침해에 대하여 책임을 지지 아니한다고 판결하였습니다."

"소리바다의 이용자들이 파일을 공유하여 저작권을 침해하는 경우 소리바다 운영자들의 주의의무(注意義務)가 어느 정도인지가 문제되는 것 같군요. 어떻게 대법원의 판결이 내려질 것 같습니까?"

"판단하기에 어려운 점이 많습니다.

　다만 미국의 경우에도 소리바다 사건과 유사한 사건이 있었으니 그 사건에 관한 판결을 참고할 수 있습니다. 2001년에 미국의 연방항소법원이 냅스터 사건에 관한 판결을 내렸었고, 우리나라 학자들도 이 판결에 대하여 큰 관심을 갖고 있었습니다."

"설명을 부탁드리겠습니다."

"냅스터(Napster, Inc.)는 이용자들이 음악파일을 공유하기 위한 소프트웨어를 제공하였으며, 이용자들은 이 소프트웨어를 자신들의 컴퓨터에 설치하고, 냅스터의 회원으로 등록하였습니다. 이용자들은 자신들의 컴퓨터에 음악 파일을 만들고, 냅스터의 중앙서버를 통하여 다른 이용자들의 컴퓨터에 저장된 음악 파일을 검색한 후 음악 파일을 공유하였습니다."

"냅스터 사건과 소리바다 사건은 어떤 공통점이 있었습니까?"

"두 사건은 이용자들이 중앙 서버에 접속한 후 이용자들 상호간에 파일을 교환하는 하이브리드형 P2P 방식에 관한 사건이라는 공통점이 있습니다.

그러나 이용자들이 음악파일을 공유함에 있어 중앙서버의 역할은 소리바다가 냅스터보다 작다고 할 수 있습니다. 냅스터의 중앙서버는 이용자들에게 음악파일을 공유하기 위한 소프트웨어를 제공하였으며, 음악파일의 목록을 보관하였으며, 이용자들이 파일을 검색할 수 있는 역할을 수행하였습니다. 이에 비하여 소리바다의 중앙서버는 이용자들에게 음악파일을 공유하기 위한 소프트웨어를 제공하였으며, 이용자들에게 다른 이용자들의 IP 주소를 제공하였습니다.

다수의 음반회사들은 냅스터를 상대로 한 금지명령(injunction)을 연방법원에 신청하였습니다. 미국에서 금지명령(禁止命令)을 신청한 것은 우리나라에서 가처분 신청을 한 것과 유사하게 생각하면 됩니다."

"법원은 어떠한 판결을 내렸습니까?"

"2001년 2월 미국의 제9연방항소법원은 냅스터의 이용자들이 저작권을 직접적으로 침해하

였으며, 냅스터가 이용자들의 저작권 침해에 대한 간접적인 책임을 부담한다고 판결하였습니다. 그러나 저작권을 침해하는 음악파일이 냅스터 시스템을 통하여 이용되고 있다는 것을 통지받은 경우에만 냅스터가 저작권을 침해하는 파일에 대한 접속을 배제시킬 책임이 있다고 판결하였습니다."[27]

"왜 냅스터가 그런 책임을 부담하는지 궁금합니다."

"그러한 판결을 이해하기 위해서는 먼저 기여침해(寄與侵害)의 원칙과 대위침해(代位侵害)의 원칙을 알 필요가 있습니다. 미국의 법원은 기여침해 또는 대위침해에 관한 법리에 근거하여 저작권의 침해에 대한 간접적인 책임을 추궁하여 왔기 때문입니다."

"설명해주시면 좋겠네요."

"기여침해의 원칙(The doctrine of contributory infringement)에 따르면 저작권이 침해되는 것을 알았거나 알 수 있음에도 불구하고 침해행위를 유발하거나 그 침해행위에 대하여 상당하게 기여한 경우 그 침해행위에 대한 간접적인 책임을 집니다.

이 원칙에 관한 연방항소법원의 판결을 살펴보지요. 연방항소법원은 냅스터가 원고로부터 12,000개 이상의 음악저작권이 침해되었다는 통지를 받았다는 것 등을 이유로 냅스터가 특정한 음악파일에 대한 저작권이 침해되었다는 것을 알고 있었다고 판단하였습니다. 또한 냅스터가 이용자들 상호간에 음악파일을 공유하도록 소프트웨어, 검색엔진, 서버 등을 제공하였으며, 냅스터가 제공하는 이러한 서비스가 없었다면 냅스터 이용자들은 손쉽게 원하는 음악파일을 공유할 수 없었기 때문에 냅스터가 침해에 대하여 상당한 기여를 하였다고 판단하였습니다."

---

27 A&M Records, Inc. v. Napster, Inc., 239 F. 3d 1004 (9th Cir. 2001).

"다른 법리도 있다면서요."

"대위책임의 원칙(The doctrine of vicarious infringement)에 따르면 피고가 직접적인 금융이익을 가지며, 침해행위를 감독할 권리와 능력을 갖춘 경우 직접적인 저작권침해에 대한 책임을 집니다.

연방항소법원은 냅스터가 대위책임도 부담한다고 판결하였습니다. 냅스터는 음악파일을 공유하는 서비스를 무료로 제공하고 있지만, 무료로 음악파일을 이용할 수 있기 때문에 매우 많은 사람들이 냅스터의 서비스를 이용하고 있으며, 이용자들의 수가 많아짐에 따라 여러 가지 방법으로 수익을 올릴 것을 계획하고 있었습니다. 이러한 점에 비추어 연방항소법원은 냅스터가 직접적인 금융이익을 갖고 있다고 판단하였습니다.

냅스터는 이용자가 작성한 음악파일의 명칭이 무엇인지를 알 수 있었으며, 이용자가 냅스터의 서버에 접속하는 것을 차단할 수 있었습니다. 연방항소법원은 냅스터가 저작권을 침해한 파일을 찾아낼 수 있으며, 저작권을 침해한 이용자의 접속을 차단할 수 있기 때문에 냅스터가 저작권이 침해되는 행위를 감독할 권리와 능력을 갖고 있었다고 판단하였답니다."

"그렇지만 냅스터의 책임의 범위를 제한한 것 같았는데요."

"그렇습니다.

연방항소법원은 음반사에 통지의무를 부과하고 있는 것이지요. 연방항소법원은 음반사가 저작권을 침해하는 특정한 음악파일이 냅스터 시스템을 통하여 이용되고 있다는 것을 통지한 경우에만 냅스터가 저작권을 침해하는 파일에 대한 접속을 배제시킬 책임이 있다고 판결하였습니다. 음반사가 통지의무를 이행한 경우 이용자들이 그 음악파일을 공유하는 것을 방지할 책임을 냅스터가 부담하게 되며, 이 책임을 이행하지 못한 경우 냅스터의 사이트가 폐쇄된다는 것입니다. 냅스터와 음반회사들은 동등하게 냅스터의 서버를 이용하여 저작권을 침해하는 파일을 발견할 수 있으므로, 냅스터 뿐만 아니라 음반회사들도 책임을 분담하여야 한다는 것입니다."

"냅스터사건에 관한 판결을 우리나라의 항소심판결과 비교하면 어떻습니까?"

"연방항소법원은 냅스터가 저작권 침해에 관한 간접적인 책임을 부담한다고 판결하였습니다. 민사사건에 관한 항소심법원들은 양씨 형제가 소리바다 이용자들의 저작권 침해에 대하여 책임을 져야 한다고 판결하였지만, 형사사건에 관한 항소심법원은 양씨 형제가 소리바다 이용자들의 저작권 침해에 대하여 책임을 지지 아니한다고 판결하였습니다.

소송의 승패라는 점에서 본다면 냅스터사건에 관한 연방항소법원의 판결과 민사사건에 관한 항소심법원들의 판결은 유사하지요. 왜냐하면 이 판결들에 따르면 피고인 서비스제공자가 이용자들의 저작권 침해에 대한 책임을 져야 합니다.

그러나 법리(法理)적인 측면에서 살펴본다면 냅스터사건에 관한 연방항소법원의 판결

냅스터 사건에 관한 연방항소법원의 판결과
소리바다 사건에 관한 항소심판결의 비교

구 분	냅스터 판결	소리바다 판결	
P2P의 유형	하이브리드형	하이브리드형	
중앙서버의 역할	소프트웨어 제공 파일목록 보관 파일검색	소프트웨어 제공 IP주소 제공	
이용자들의 저작권 침해 여부	저작권 침해	저작권 침해	
서비스제공자의 책임 여부	책임을 부담	민사항소심 판결	책임을 부담
		형사항소심 판결	책임을 부담하지 아니함
저작권 침해에 대한 구체적 사실의 통지의무	저작권자에게 있음	민사항소심 판결	저작권자에게 없음
		형사항소심 판결	저작권자에게 있음

은 저작권자에게 구체적으로 저작권이 침해된 사실을 통지할 의무를 부여하고 있습니다. 이 점에서 형사사건에 관한 항소심법원의 판결과 유사합니다."

"민사사건에 관한 항소심법원들은 양씨 형제가 구체적으로 저작권이 침해된 것을 몰랐다 하더라도 책임을 져야 한다고 판결하였지만, 형사사건에 관한 항소심법원은 양씨 형제가 구체적으로 저작권이 침해된 것을 몰랐기 때문에, 책임을 지지 아니한다고 판결하였습니다. 어떤 판결이 타당한 것입니까?"

"제가 오히려 질문을 드리고 싶군요.

소리바다의 이용자들이 저작권을 침해하였는데, 저작권을 침해하는 것을 방지할 책임은 누가 부담하는 것이 옳을까요?"

"어려운 문제입니다. 그러면 공명 선생은 어떻게 생각하십니까?"

"법률적으로는 대법관들이 생각해서 판단할 문제이지요.

그러나 한국은행에서 발행한 오백 원짜리 동전을 보고 판단해보자는 생각이 듭니다. 뒷면에는 500이라는 숫자가 인쇄되어 있지만, 앞면에는 아름다운 한 마리 학이 날아가고 있습니다.

오백 원짜리 동전에는 무엇이 있느냐고 물어본다면 어떻게 대답하시겠습니까?"

"500이란 숫자와 아름다운 한 마리 학이 있지요."

"그렇다면 다시 한번 여쭈어 보겠습니다. 저작권이 침해되는 것을 방지할 책임을 음반회사들이 부담하는 것이 옳을까요? 소리바다의 운영자들이 부담하는 것이 옳을까요? 아니면 책임을 분담하는 것이 옳을까요?"

"제 생각은 저작권자와 소리바다의 운영자 어느 일방에게만 주의의무를 부과하는 방안보다는 쌍방 모두에게 주의의무를 부과하는 절충안이 합리적인 것 같군요. 음반사측에 저작권을 침해하는 특정한 음악파일이 소리바다 시스템을 통하여 이용되고 있다는 것을 소리바다의 운영자에게 통지할 의무를 부과하며, 소리바다의 운영자에게 그러한 파일의 공유를 방지하기 위한 조치를 취할 의무를 부과하는 방안입니다."

❼ 순수형 P2P

① 미국 법원의 판결

"P2P에 관한 문제는 하이브리드형 P2P에 국한된 것이 아닙니다. 순수(Pure)형 P2P에 관한 문제도 있지요."

"순수형 P2P 방식이란 어떤 방식을 말하나요?"

"중앙서버에 접속하지 않고도 이용자들이 파일을 교환할 수 있는 방식을 말합니다. 예로서는 그록스터(Grokster, Ltd.), 스트림케스트(StreamCast, Inc.) 및 카자(Kazza BV) 등을 들 수 있습니다.

그록스터, 스트림케스트 및 카자는 이용자들 상호간에 파일에 관한 검색을 하고 파일을 공유할 수 있는 순수형 P2P 방식의 소프트웨어를 제공하였습니다. 이용자들은 그록스터, 스트림케스트 및 카자의 서버로부터 소프트웨어를 자신들의 컴퓨터로 다운받았으며, 이 소프트웨어를 통하여 다른 이용자들의 컴퓨터에 저장된 파일을 검색한 후 음악, 비디오 등 다양한 파일을 자유롭게 공유할 수 있었습니다."

"냅스터나 소리바다와는 어떤 차이가 있는 것이지요."

"냅스터와 소리바다의 중앙서버는 음악파일을 공유하기 위한 소프트웨어를 제공함과 더불어 음악파일을 검색하거나 IP 주소를 제공하였습니다. 그러나 그록스터와 스트림케스트의 중앙서버는 파일을 공유하기 위한 소프트웨어를 제공하였을 뿐이며, 파일을 검색하지 아니하였으며, IP 주소를 제공하지도 않습니다.

보다 분산화된 P2P 방식의 소프트웨어를 제공하고 있는 스트림케스트의 경우를 살펴보지요. 스트림케스트가 배포하는 소프트웨어를 이용하는 자들은 그누텔라(Gnutella) 네트워크에 접속할 수 있습니다. 이 네트워크는 스트림케스트가 배포하는 소프트웨어의 이용자들과 그누텔라 방식에 근거한 소프트웨어를 배포하는 다른 여러 회사의 소프트웨어의 이용자들로 구성됩니다.

다양한 방법으로 그누텔라 네트워크를 구성할 수 있습니다. 그 중의 하나로서 특정한 웹사이트에서 그 사이트에 접속하고 있는 자들의 IP주소를 제공하고 있는 경우 이 웹사이트를 통하여 네트워크를 구성하는 방법을 들 수 있습니다. 이용자들은 상호간에 원하는 파일을 검색하게 되고, 원하는 파일을 발견한 이용자는 다른 이용자의 컴퓨터로부터 그 파일을 다운받게 됩니다."

"법적인 문제가 되었을 것 같군요."

"그렇습니다.

다수의 영화사와 음반회사들로 구성된 원고들은 그록스터, 스트림케스트 및 카자가 저작권의 침해에 대한 간접적인 책임을 진다고 주장하며 소송을 제기하였습니다."

"판결은 어떻게 내려졌습니까?"

"2004년 8월 미국의 제9연방항소법원은 원고패소판결을 내렸지만, 2005년 6월 연방대법원은 원고승소판결을 내렸습니다.

먼저 연방항소법원의 판결을 살펴보지요. 연방항소법원은 피고들의 서비스를 이용한 자들이 저작권을 침해하였지만, 피고들이 간접적인 책임을 부담하지 아니한다고 판결하였습니다.[28]

이 사건에서 피고들이 제공한 소프트웨어는 실질적으로 적법한 목적을 위하여 이용될 수 있으며, 피고들이 저작권을 침해하는 구체적인 행위를 알지 못하였다는 것입니다. 또한 이용자들이 피고들로부터 소프트웨어를 제공받은 이후에는 피고들의 중앙서버를 통하지 아니하고 이용자들 상호간에 파일을 검색하고 파일을 다운받았습니다. 따라서 연방항소법원은 피고들이 기여침해에 대한 책임을 지지 아니한다고 판결하였습니다.

또한 피고들이 이용자들의 침해행위를 감독하거나 통제할 능력이 없다고 판단하였답니다. 대위책임의 원칙에 따르면 직접적으로 저작권을 침해하는 자들에 대한 통제능력이 없는 경우 책임을 부담하지 아니하므로, 피고들이 저작권침해에 대한 책임을 지지 아니한다고 판결하였습니다."

"연방대법원은 항소법원과는 다르게 판결하였다면서요."

"그렇습니다. 미국의 연방대법원은 2005년 6월 원고승소판결을 내렸습니다."[29]

"제가 앞에서 듣기론 피고들은 순수형 P2P 방식의 서비스제공자들이었습니다. 피고들의 중앙서버에 접속하지 않고도 이용자들이 파일을 교환할 수 있다는 의미이었습니다.

그렇다면 서비스제공자가 이용자들에게 단지 파일을 공유하기 위한 소프트웨어를 제공하

---

28 Metro-Goldwyn-Mayer Studios, Inc. v. Grokster, Ltd., CV 01-08541-SVW (2004).
29 Metro-Goldwyn-Mayer Studios, Inc. v. Grokster, Ltd., No. 04-480 (2005).

였다는 이유만으로 저작권의 침해에 대한 책임을 부담한다는 의미가 되나요?"

"그건 아닙니다.

연방대법원은 저작권을 침해할 수 있는 소프트웨어를 배포한 자에게 저작권의 침해를 조장하기 위한 명확한 표현 등의 적극적인 행위가 있었다는 것이 입증된 경우 이용자들의 저작권 침해에 대한 책임을 져야 한다고 판결하였습니다."

"그렇다면 연방대법원은 피고들이 이용자들의 저작권의 침해를 조장하였다고 보는 것입니까?"

"그렇습니다.

실제로 피고들의 소프트웨어를 이용하는 자들에 의하여 저작권이 침해되었으며, 피고들이 저작권의 침해를 조장하려는 의도가 매우 명확하다고 판단하였습니다."

"어떤 점에서 피고들에게 저작권 침해를 조장하려는 의도가 있다고 판단한 것인가요?"

"피고들은 냅스터의 이용자들에게 저작권을 침해할 수 있는 소프트웨어를 제공하였습니다. 연방대법원은 피고들에게 저작권 침해를 야기하려는 의도가 있다고 판단하였습니다."

"냅스터의 이용자들에게 소프트웨어를 제공하는 것이 어떤 이유 때문에 피고들에게 저작권 침해를 야기하려는 의도가 있다는 것인가요?"

"매우 많은 냅스터의 이용자들이 저작권을 침해하였습니다. 피고들은 그러한 냅스터의 이용자들에게 서비스를 제공하였습니다. 따라서 피고들이 저작권 침해를 야기할 의도로 냅스터의 이용자들에게 저작권을 침해할 수 있는 소프트웨어를 제공하였다는 것입니다."

"단순히 그러한 점 때문에 피고들에게 불법적인 의도가 명확하다는 것입니까?"

"그렇지는 않습니다.

연방대법원은 피고들이 이용자들에 의하여 저작권이 침해되는 것을 방지하기 위한 조치를 취하지 않았다는 점도 들고 있습니다.

또한 피고들은 소프트웨어를 이용하는 자에게 광고함으로써 많은 수익을 얻었습니다. 매우 많은 이용자들이 저작권을 침해하였으며, 피고들의 광고수익의 대부분은 이용자들의 침해행위에 기인한다는 것입니다."

"미국의 연방대법원은 순수한 P2P 방식에 의하여 서비스를 제공하는 자가 이용자들의 저작권 침해에 대한 책임을 져야 한다고 판결하였군요."

"연방대법원의 판결을 주의 깊게 살펴볼 필요가 있습니다.

순수한 P2P 방식에 의하여 서비스를 제공하는 자가 무조건 이용자들의 저작권 침해에 대한 책임을 져야 한다는 것은 아닙니다. 실제로 이용자들에 의하여 저작권이 침해되었으며, 서비스제공자가 이용자들의 저작권 침해를 조장한 경우 서비스제공자가 책임을 져야 한다는 판결이지요."

② 한국의 상황

"만약 대한민국에서 유사한 소송이 제기된다면 순수한 P2P 방식에 의하여 서비스를 제공하는 자가 이용자들의 저작권 침해에 대한 책임을 져야합니까?"

"정확하게 말씀드린다면 잘 모른다고 대답할 수밖에 없습니다.

아직 우리나라에서는 이러한 사건에 관한 하급심의 판결도 없는데 어떻게 정확하게 이야기할 수 있겠습니까?"

"그래도 예상하는 것은 가능하지 않습니까?"

"정 그러시다면 차분히 정리해서 이야기해 보도록 하시죠.

순수한 P2P 방식의 서비스제공자는 이용자들에게 파일을 공유하기 위한 소프트웨어를 제공합니다. 이용자들은 서비스제공자의 중앙서버에 접속하지 아니하고, 이 소프트웨어를 사용하여 파일을 공유할 수 있습니다. 이용자들은 적법한 목적과 불법한 목적 모두에 이 소프트웨어를 사용할 수 있습니다. 이용자들이 불법한 목적으로 파일을 공유하는 경우 서비스제공자는 이용자들의 행위를 통제할 능력이 없습니다.

서비스제공자가 이용자들에게 단지 파일을 공유하기 위한 소프트웨어를 제공하였다는 것만으로 이용자들의 저작권 침해에 대한 책임을 져야 할까요?

"서비스제공자가 이용자들에게 단지 파일을 공유하기 위한 소프트웨어를 제공하였다는 이유만으로는 책임이 없을 것 같군요. 마약을 제공하거나 독약을 제공한 것도 아닌데 그런 이유만으로는 책임이 없을 것 같네요."

"그렇다면 순수형 P2P 방식의 서비스제공자가 이용자들의 저작권 침해를 교사하거나 방조하여 금전적 이익을 얻은 경우에는 책임이 있을까요?"

"이 경우에는 서비스제공자가 책임을 져야 할 것 같습니다."

"그렇습니다.

미국의 연방대법원은 서비스제공자가 이용자들의 저작권 침해를 조장한 경우 책임을 져야 한다고 판결하였습니다. 만약 우리나라에서 어떤 사람이 불법행위(不法行爲)를 하였는데, 그에

관한 교사자(教唆者)나 방조자(幇助者)가 있는 경우 교사자나 방조자도 그 불법행위에 관한 책임을 부담하게 됩니다(민법760조). 따라서 순수형 P2P 방식의 서비스제공자가 이용자들에게 저작권 침해를 교사(教唆)하거나 방조(幇助)하고 이용자들이 저작권을 침해하였다면 서비스제공자도 저작권 침해에 대한 책임을 지게 되지요.

다만 서비스제공자가 저작권 침해를 교사 또는 방조했는지 여부는 법원의 심리에서 결정됩니다. 어떠한 상황에서 저작권 침해에 대한 교사 또는 방조 책임을 인정할 것이냐는 복잡한 문제가 남게 됩니다.”

“법원이 법조문(法條文)을 어떻게 해석하여 적용할 것인지가 중요하다는 말씀이신 것 같네요.

그러고 보니 앞에서 살펴본 소리바다 사건에 관한 항소심법원의 판결이 기억나는군요. 형사사건에 관한 항소심법원은 서비스제공자가 저작권이 침해된 것을 추상적으로 인식하고 있었지만, 구체적으로 알지 못하는 경우 이용자들의 저작권의 침해에 대하여 서비스제공자가 책임을 지지 아니한다고 판결하였지요. 그러나 민사사건에 관한 항소심법원은 서비스제공자가 미필적으로나마 저작권이 침해될 것이라는 것을 인식하고 있었으므로, 서비스제공자가 저작권의 침해에 대하여 책임을 져야 한다고 판결하였습니다.”

“그렇습니다.

동일한 사건임에도 불구하고 서비스제공자가 어느 정도 인식하고 있어야 서비스제공자가 이용자들의 저작권 침해에 대한 책임을 부담하기 위한 요건이 충족되는지에 관하여 항소심법원의 판단이 달랐습니다. 이러한 이야기는 앞에서 살펴본 온라인서비스제공자의 면책조항(免

責條項)을 어떻게 적용하느냐는 문제와도 연관되어 있습니다."

"어떻게 연관이 되는지요?"

"저작권법에 따르면 온라인서비스제공자가 '저작권이 침해된다는 사실을 알고' 이를 방지하거나 중단시키고자 하였으나, 기술적으로 불가능한 경우 책임이 면제됩니다(저작권법77조2항). 이 조항의 해석과 관련하여 서비스제공자가 '저작권이 침해된 사실을 구체적으로 알고' 저작권의 침해를 중단시키고자 하였을 때 이 조항이 적용되는 것이냐, 아니면 '저작권이 침해될 수 있다는 사실을 알고' 저작권의 침해를 중단시키고자 하였을 때 이 조항이 적용되는 것이냐는 문제가 제기됩니다."

"서비스제공자가 저작권이 침해된다는 사실을 구체적으로 알고 있는 것과 저작권이 침해될 수 있다는 사실을 알 수 있다는 것에는 차이가 있나 보지요?"

"순수한 P2P 방식의 서비스제공자가 저작권이 침해된 구체적 사실을 알게 되기까지의 과정을 생각해보지요.

서비스제공자가 파일을 공유하기 위한 소프트웨어를 구상하고, 실제로 개발합니다. 아마도 소프트웨어를 구상·개발하는 과정에서 이용자들에 의하여 저작권이 침해될 수 있다는 사실을 알게 되겠지요. 그리고 서비스제공자는 온라인을 통하여 개발이 완료된 소프트웨어를 이용자들에게 제공합니다. 이용자들이 이 소프트웨어를 이용하여 실제로 파일을 공유하게 되면 저작권이 침해될 수 있습니다. 이용자들에 의하여 저작권이 침해된 이후에야 서비스제공자가 저작권이 침해된 사실을 구체적으로 알게 되겠지요.

언제 서비스제공자가 이용자들에 의하여 저작권이 침해될 수 있다는 사실을 알 수 있습니

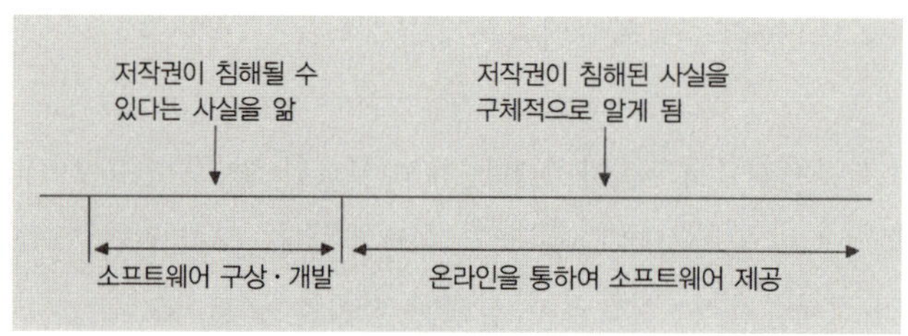

까? 언제 서비스제공자가 저작권이 침해된 사실을 구체적으로 알게 됩니까?"

"서비스제공자가 파일을 공유하기 위한 소프트웨어를 구상하거나 개발하는 과정에서 이용자들에 의하여 저작권이 침해될 수 있다는 사실을 알게 됩니다. 그러나 온라인을 통하여 소프트웨어를 이용자들에게 제공한 이후에야 서비스제공자가 저작권이 침해된 사실을 구체적으로 알게 되겠지요."

"순수한 P2P 방식의 서비스제공자가 저작권이 침해된 사실을 구체적으로 아는 경우 이 조항이 적용되는 것으로 생각해보지요. 서비스제공자가 이용자들에게 파일을 공유하기 위한 소프트웨어를 제공한 후 이용자들에 의하여 '저작권이 침해된다는 사실을 구체적으로 알고' 저작권 침해행위를 중단시키고자 하였으나, 저작권 침해행위를 통제하는 것이 기술적으로 불가능한 경우 책임이 면제된다고 해석할 수 있습니다.

이러한 해석은 이용자들에 의하여 '저작권이 침해된다는 사실을 구체적으로 알게 된 때부터' 순수한 P2P 방식의 서비스제공자에게 저작권 침해를 방지할 의무를 부과하게 됩니다."

"다르게 해석할 수도 있다는 말씀인 것 같군요."

"그렇습니다.

서비스제공자가 파일을 공유하기 위한 소프트웨어를 구상하거나 실제로 개발하고 있던 도

중에 이 소프트웨어를 이용할 자들에 의하여 '저작권이 침해될 수 있다는 사실을 알고' 저작권 침해행위를 예방하려고 하였지만, 저작권 침해행위를 통제하는 것이 기술적으로 불가능했던 경우 책임이 면제된다고 해석할 수 있습니다.

이렇게 해석한다면 이용자들에 의해 '저작권이 침해될 수 있다는 사실을 알고 있을 때부터' 서비스제공자에게 저작권의 침해를 방지하기 위한 상당한 조치를 취해야 할 의무를 부과할 수 있게 되지요. 서비스제공자는 파일을 공유하기 위한 소프트웨어를 이용자들에게 제공하기 이전에 저작권의 침해를 방지하기 위한 조치를 강구해야겠지요. 이러한 조치를 마련하지 아니한 상황에서 온라인을 통하여 서비스를 제공한다면 온라인서비스제공자의 면책조항에 의하여 저작권침해에 대한 책임이 면제될 수는 없겠지요."

"어떤 해석방법이 타당하다고 생각하시나요?"

"어려운 질문을 하시는군요.

원론적으로 대답을 하고 싶군요. 많은 사람들이 어떻게 생각하느냐, 특히 국회의원이나 법관 같은 사람들이 어떻게 생각하느냐에 따라 달라지겠지요."

'저작권이 침해된다는 사실을 알고'의 의미와 저작권 침해를 방지해야할 시기

침해된다는 사실을 알고의 의미	저작권 침해를 방지해야할 시기
침해된 사실을 구체적으로 앎	→ 이용자들에게 소프트웨어를 제공한 이후
침해될 수 있다는 사실을 앎	→ 이용자들에게 소프트웨어를 제공하기 이전

"구체적으로 질문하였지만, 일반적인 답변을 하시는군요.

두 가지 해석방법 중에 어떤 해석방법이 타당하냐고 질문하였지만, 막연하게 두 가지 다 될 수 있다고 대답하시는군요. 구체적으로 대답해주시면 좋겠네요."

"곤란합니다.

괜히 쓸데없는 이야기를 할 가능성이 있습니다. 1분에 엿장수가 가위질을 몇 번 할 것으로 생각하느냐는 질문에 관한 대답이 될 수 있습니다.”

“그래도 날씨가 덥고 엿장수가 매우 지쳐있다면 엿장수가 한 번도 가위질을 안 할 것이라고 예상할 수 있겠지요. 그러나 만약 엿장수가 신이 나서 가위질을 하고 있다면 10번 이상이라고 예상할 수 있을 것 같네요.”

“정 그러시다면 말씀드리지요.

아까 드린 질문을 다시 드려본다면 이 문제를 해결하기 위한 방법이 구체적으로 나올 것 같습니다.”

“어떤 질문이었지요.”

“소리바다의 이용자들이 저작권을 침해하였는데, 저작권이 침해되는 것을 방지할 책임을 누가 부담하는 것이 옳으냐고 질문 드렸지요.

그때 무엇이라고 답변하였습니까?”

“음반회사가 소리바다의 운영자에게 구체적으로 저작권이 침해되었다는 통지를 한 경우 소리바다의 운영자가 저작권의 침해를 방지할 의무를 부담한다고 하였습니다.”

“그 기준을 적용한다면 문제를 해결하기 위한 방법이 구체적으로 나오게 되지요.”

“ ! ”

“어떤 의미인지 아시겠습니까?”

“ ^_^ ”

부록 유용한 사이트

인터넷을 통하여 법학에 관한 문헌을 손쉽게 구할 수 있습니다. 잘만 활용한다면 도서관을 이용하는 것보다 많은 자료를 신속하게 얻을 수 있습니다. 인터넷을 통하여 손쉽게 법에 관한 자료를 구할 수 있는 사이트를 소개합니다.

2005년 11월 1일을 기준으로 인터넷 사이트를 소개하였으니 참고하시기 바랍니다.

❶ 대한민국국회

대한민국국회 사이트의 주소는 'http://www.assembly.go.kr'입니다. 이 주소를 입력하거나 검색 엔진을 이용하여 대한민국국회 사이트를 방문할 수 있습니다. 예를 들어 야후의 검색 창에 '국회'라고 입력한 후 클릭하면 '대한민국 국회 바로가기'가 나오게 됩니다. 여기를 클릭하면 바로 대한민국국회 사이트에 접속하게 됩니다.

오른쪽에서 '국회정보시스템' 중에서 '법률정보'를 클릭하면 법률정보시스템 화면이 나오게 됩니다. 이 화면에서는 현행법령, 현행법률심사연혁, 최근 통과법률안 및 최근 접수법률안이 나오게 됩니다.

현행법령을 찾는 방법은 '가나다 찾기'를 활용하는 방법과 '검색어'를 이용하는 방법이 있습니다. 이 중 검색어를 이용하여 현행법령 중 전자상거래 등에서의 소비자보호에 관한 법률을 찾아보도록 하지요.

현행법령 항목에서 검색어로서 '전자'라고 입력한 후 'SEARCH'를 클릭하시면 전자라는 단어가 포함된 법령이 검색결과로 나오게 됩니다. 유전자변형 생물체의 국가간 이동 등에 관한 법률, 이러닝 (전자학습)산업발전법, 전자거래기본법, 전자상거래 등에서의 소비자보호에 관한 법률, 전자서명법, 전자어음의 발행 및 유통에 관한 법률, 전자정부구현을 위한 행정업무 등의 전자화촉진에 관한 법률이 검색결과로 나오게 됩니다.

이 중 '전자상거래 등에서의 소비자보호에 관한 법률'을 클릭하시면 법률의 내용을 구체적으로 살펴볼 수 있게 됩니다. 이 법률과 관련된 보다 자세한 것을 알기를 원하면 왼쪽에 있는 '현행법률심사연혁', '시행령', '시행규칙'중 원하는 항목을 클릭하면 됩니다.

❷ 대법원

대법원 사이트의 주소는 'http://www.scourt.go.kr'입니다. 이 주소를 입력하가거나 검색 엔진을 이용하여 대법원 사이트를 방문할 수 있습니다. 예를 들어 야후의 검색 창에 '대법원'이라고 입력한 후 클릭하면 '대법원 바로가기'가 나오게 됩니다. 여기를 클릭하면 바로 대법원 사이트에 접속하게 됩니다. 대법원 사이트에서는 소송절차, 공탁, 양식, 판결 등에 관한 다양한 자료를 구할 수 있습니다.

먼저 화면 왼쪽에서 '종합법률정보' 항목을 보시지요. 이 항목을 통해서 판결은 물론 법령, 문헌, 규칙 / 예규 / 선례를 검색할 수 있습니다. 이중 판결을 찾아보도록 하겠습니다.

'종합법률정보' 항목을 클릭하시면 판례를 검색할 수 있는 화면이 나오게 됩니다. 특정한 판결을 찾는 방법은 선고일자를 이용하는 방법, 검색어를 이용하는 방법, 참조조문을 이용하는 방법, 사건번호를 이용하는 방법 및 사건명을 이용하는 방법 등 다양한 방법이 있습니다.

이 중 가장 손쉽게 특정한 판결을 찾는 방법은 사건번호를 이용하는 방법입니다. 사건번호를 이용하여 이 책의 본문에서 살펴본 전자게시판 관리자의 주의의무에 관한 대법원 판결(대법원 2003. 6. 27. 선고 2002다72194 판결)을 찾아보도록 하겠습니다. '대법원 2003. 6. 27. 선고 2002다72194 판결'이라는 의미는 대법원이 2003년 6월 27일 판결을 선고하였으며, 이 판결의 사건번호는 2002다72194 이라는 것입니다.

하단의 사건번호 항목에 '2002다72194'를 입력한 후 '검색'을 클릭하시지요.

'대법원 2003. 6. 27. 선고 2002다72194 판결 인터넷상의 전자게시판 관리자가 타인의 명예를 훼손하는 내용의 게시물을 방치함으로써 명예훼손에 대한 손해배상책임을 지기 위한 요건'이라는 검색결과가 나오게 됩니다.

이 중에서 '대법원 2003. 6. 27. 선고 2002다72194 판결'을 클릭하시면 이 판결의 자세한 내용을 볼 수 있습니다.

❸ 법무부

법무부 사이트의 주소는 'http://www.moj.go.kr'입니다. 이 주소를 입력하가거나 검색 엔진을 이용하여 법무부 사이트를 방분할 수 있습니다. 예를 들어 야후의 검색창에 '법무부'라고 입력한 후 클릭하면 '법무부 바로가기'가 나오게 됩니다. 여기를 클릭하면 바로 법무부 사이트에 접속하게 됩니다. 법무부 사이트에서는 법에 관하여 매우 다양한 자료를 구할 수 있습니다.

이 중 법무부에서 발행하는 간행물을 이용하는 방법을 살펴보도록 하겠습니다. 화면 상단 우측에 '자료실' 항목이 있습니다. '자료실'을 클릭하시면 도서·간행물에 관한 화면이 나오게 됩니다. 법무부에서 간행하는 많은 자료를 볼 수 있습니다. 많은 자료 중 인터넷법률의 경우에는 인터넷에 관한 다양한 법률논문이 실려 있으며, 월간 법조의 경우에는 법에 관한 다양한 논문이 실려 있습니다.

만약 특정한 간행물을 읽고 싶다면, 예를 들어 인터넷법률을 보고 싶다면 하단의 '찾기항목 선택'에서 '제목'을 클릭하고, 오른쪽에 '인터넷법률'을 입력한 후 '검색'을 클릭하면 간행시기별로 분류된 인터넷법률이 검색결과로 나오게 됩니다.

이 검색결과에는 간행된 모든 인터넷법률이 나와 있지는 않습니다. 빠져 있는 인터넷법률을 찾기를 원한다면 화면 왼쪽의 'e-book'을 클릭하면 됩니다. 인터넷 법률과 통상법률을 이용할 수 있는 화

면이 나오게 됩니다. 전자책을 이용하기 위해서는 e-book 리더 프로그램을 다운받아 설치하여야 합니다.

❹ 미국법

미국법에 관한 자료를 찾기 위한 방법을 소개하도록 하겠습니다. 인터넷 주소창에 'http://www.findlaw.com'를 입력하고 자판에 있는 'Enter'키를 누르시지요. 매우 다양한 항목이 영어로 나오게 됩니다.

이 책에서 소개한 순수형 P2P에 관한 연방대법원의 판결을 찾아보도록 하겠습니다. 화면 중간 상단에 For Legal Professionals를 찾아보시겠습니까? 찾으셨다면 바로 아래에 US Law: Cases & Codes라는 항목이 있으며, 바로 밑에 'Federal'을 클릭하십시오.

화면이 나오면 중간에 Case Law의 바로 아래에 있는 'US Supreme Court-Opinions & Web Site'를 찾으셔야 합니다. 이것을 클릭하시면 미국의 연방대법원의 판결을 검색할 수 있는 화면이 나오게 됩니다.

다양한 방법으로 연방대법원의 판결을 검색할 수 있습니다. 그중 소송의 당사자의 이름을 이용하여 순수형 P2P에 관한 연방대법원의 판결을 찾아보지요. 피고의 이름 중 Grokster를 이용하겠습니다. 화면의 중간 Party Name Search에 'Grokster'를 입력하시고 오른쪽에 있는 'Search'를 클릭하십시오.

그러면 검색결과가 나오게 되겠지요. 화면 상단에 'Metro-Goldwyn-Mayer Studios, Inc. v. Grokster, Ltd.'를 클릭하시면 우리가 찾고자 하였던 연방대법원의 판결이 나오게 됩니다.